이재명의 외교안보를 읽는다

평화경제와 실용외교를 통한
글로벌 선도국가

정한범

최경준

박종철

여현철

유영민

최용섭

한혜진

최경희

박영사

발간사

누리호가 창공을 가르며 우주로 솟구쳐 올랐다.

대한민국을 지탱해 온 힘이다. 누리호를 통해 되살아난 공감이다. 누구라 할 것 없이 가슴속에 벅차오르는 감격을 가누기 어려웠을 것이다. 이런 감격을 느껴본 것이 얼마 만인가? 꺾이고 굴곡지고 퇴행하는 역사 속에서도 대한민국을 다시 일으켜 세우고 앞으로 밀어내는 힘이 있었다. 국민의 힘이다.

금을 모으고, 노란 리본을 달고, 촛불을 든 국민들이 있었다. 국민들이 항상 옳지는 않았다. 하지만, 결과적으로 국민들은 항상 옳았다. 오늘의 대한민국이 있기까지 결정적 고비마다 국민들의 헌신과 희생과 결단이 있었다. 독재와 싸울 때도, 경제 위기에도, 부패한 정권을 몰아낼 때도, 미증유의 보건위기를 극복하는 데에도 결국 국민이 있었다. 이렇게 현명하고 강한 국민들이 없었다면 이 모든 것들이 불가능했을 것이다.

그래도 우리의 정치는 변하지 않는다. 국민을 너무 우습게 본다. 국민들의 회초리에 숨죽이지만, 그들에게는 요령을 넘어서 철학이 된 것이 있다. 일단 소나기만 피하고 보자! 국민들의 준엄한 꾸짖음에 무릎을 꿇고 조아리다가도 시간이 흐르면 언제 그랬냐는 듯이 뻔뻔하게 고개를 쳐든다.

안보의 문제는 삶이 걸린 문제이다. 정쟁의 대상이 될 수 없다. 이

완용처럼 나라를 팔아 영화를 누리는 것이 목적이 아니라면 안보를 볼모로 억지를 부려서는 안 된다. 그래도 안보팔이는 계속된다. 특히 선택의 시기가 오면 극성을 부린다. 책임질 수 없는 주장들을 쏟아낸다. 안보팔이가 선거에서 가장 손쉽게 국민들을 갈라칠 방법이기 때문일 것이다. 외교안보는 국민들이 심판하기 제일 어려운 분야이다. 상대적으로 정확한 정보가 제한되기 때문일 것이다. 정치인들은 바로 이런 취약한 부분을 파고든다. 결국 불행은 국민의 몫이 된다.

박정희 시대의 간첩단 조작, 전두환 시대의 평화의 댐 선동, 총풍 사건, 개성공단의 폐쇄 등 이루 말로 할 수 없을 정도로 안보는 국내 정치에 활용되어 왔다. 그 결과 남한과 북한 모두에서 적대적인 세력들이 공고화되는 결과를 낳았다. 주변국들도 마찬가지다. 일본의 극우세력도 한반도에서의 긴장고조를 즐긴다. 북한이 미사일을 쏘면 자민당은 선거에서 유리하다.

안보는 이념의 문제가 아니다. 국민의 안위에 관한 문제이다. 오직 국민과 국가만을 생각해야 한다. 한반도에서 긴장이 고조되고 전쟁이 일어나면 누가 책임질 것인가? 강대국들에 포위된 지정학적 환경에서 그들 중 누군가가 우리를 적대시한다면 그 피해는 누가 감당할 것인가? 선진국이 되면 나빠지는 것이 있다. 바로 잃을 것이 많아지는 것이다. 과거와 달리 우리는 이제 잃을 것이 많다. 가벼이 행동할 수 있는 처지가 아니다.

국민들은 이제 평화로운 일상을 추구한다. 평화로운 일상이 쌓이고 쌓여서 통일도 오는 것이고 번영도 오는 것이다. 안보는 오직 국민의 이익만을 생각하면서 실리를 추구해야 한다. 국민이 우선이다. 실용이다. 평화가 곧 실용이고, 실용이 곧 평화다.

대전환의 시기, 미래를 선택하고 결정해야 하는 시점에서 중요한 정치지도자들의 외교안보정책을 이해하는 것은 매우 의미 있는 일이라고 생각한다. 우리같이 안보의 위기가 일상적인 나라에서는 더욱 그렇다. 그들의 외교관과 안보관을 이해하는 것은 앞으로 펼쳐질 대한민국의 미래를 예측하고 이해하는 바탕이 될 것이다.

이 글에서는 평화와 실리를 추구하며 신장된 국력을 바탕으로 글로벌 선도국가를 꿈꾸는 한 정치지도자의 실용적 정치철학을 조명해 보고자 한다. 서생적 문제의식과 상인적 감각은 정치인에게만 필요한 것이 아니다. 국민들에게도 필요하다. 깨어있는 국민이 되는 데에 이 책이 조그마한 도움이 되기를 바란다. 기회가 된다면 다른 지도자들의 외교안보정책도 분석할 수 있기를 기대한다.

미래안보포럼 상임대표
정한범

추천사

현재 한반도는 위기의 시대를 맞이하고 있습니다. 미중 갈등이 심화하면서 국제환경은 우리에게 보다 많은 분야에서 연대보다는 일방선택을 강요하고 있으며, 하노이 북미정상회담 결렬 이후 한반도 정세는 평화보다는 군비경쟁의 기운마저 감돌고 있습니다.

이제 우리는 선택을 요구받는 것이 아니라 강대국들이 우리와의 협력을 선택하는 나라를 만들어야 하며 수십년 이어져온 북핵 문제를 풀고 한반도 평화와 공동번영의 시대를 열어나갈 시대적 소명을 감당해야 합니다. 다같이 힘을 모아 주어진 역사적 기회를 과감히 활용하면서 우리의 미래를 개척해야 합니다.

오늘 한반도 위기의 시대는 다른 한편으로 기회를 품고 있는 시대이기도 합니다. 백범 김구 선생님은 평생 "오직 한없이 가지고 싶은 것은 높은 문화의 힘"이라고 말씀하셨는데, 이제 우리는 코로나 팬데믹을 모범적으로 극복하고 있는 국가로 세계의 주목을 받고 있으며, 우리의 음식, 음악, 드라마, 영화 등 많은 분야에서 세계적인 한류신드롬을 일으키고 있습니다. 첨단기술 산업 분야에서도 강대국들이 협력 국가로 지목하는 나라가 되었습니다. 이제 새로운 국력으로 부상한 이러한 기회요인들을 적극 활용하여 도전을 극복하고 새로운 평화번영의 한반도를 개척해가야 합니다.

이러한 역사적 운명의 갈림길에서 유력 정치인의 외교안보 정책을 이해하는 것은 매우 중요한 일입니다. 국민이 주인인 민주주의 국가에서 누가 한반도를 평화와 공동번영의 길로 이끌지 판단할 책임은 오롯이 국민의 몫이기 때문입니다. 현재의 동아시아 정세에서 한반도를 평화와 공동번영으로 이끌기 위해서는 다른 무엇보다 국익 중심의 실용외교가 필요합니다. 독자들은 이 책을 통해 정치인 이재명의 통일외교안보 청사진을 이해하고 과연 그가 국익 중심의 실용외교를 잘 수행할 수 있을지 가늠해 볼 수 있을 것입니다.

이 책은 이재명의 통일외교안보정책을 체계적이면서도 일반 대중들이 이해하기 쉽게 친절하게 설명하고 있습니다. 국민들이 정치지도자로서 그의 역량을 판단하는 데에 큰 도움이 될 것으로 확신합니다. 한반도 미래의 융성과 상상력을 갈망하는 시대의 요구를 정치인 이재명이 얼마나 잘 실현해 나갈 수 있을지 이 책을 통해서 확인할 수 있을 것입니다.

전 통일부장관

이종석

차례

총론
평화경제와 실용외교를 통한 글로벌 선도국가   정한범

평화경제와 실용외교를 통한 글로벌 선도국가

정한범

평화경제와 실용외교를 통한 글로벌 선도국가

정한범

1. 평화와 안보

국가의 기원

인간은 본래 자유롭고 위태로운 존재였다. 자연으로부터 유래했고 자연의 법칙 이외의 그 무엇으로부터도 통제받지 않았다. 배가 고프면 먹고 배가 부르면 쉬면 되었다. 낮이 되면 무리에 섞여 활동하다가 밤이 되면 각자의 안식처로 흩어지는 존재였다. 누구도 하늘로부터 부여받은 인간의 본질적 권리인 자유를 억압하거나 박탈할 수는 없었다. 인간은 본질적으로 무한한 자유를 만끽하는 존재였다.

다른 한편으로, 인간은 위태로운 존재였다. 무한한 자유를 누리는 인간은 또 다른 무한한 자유를 누리는 인간들로부터 끊임없이 위협을 받을 수밖에 없는 상황에 놓여 있었다. 본질적인 자유는 자신에게만 있는 것이 아니라 타인에게도 있었기 때문이다. 타인의 손에 넘어간 자유는 때로는 자신의 자유와 삶을 위태롭게 하는 폭력적 기제로 작용한다. 자유의 또 다른 측면이다.

자유가 잉태한 폭력은 내재적으로 무질서한 것이다. 폭력의 발생은 무계획적이기 때문이다. 폭력이 난무하는 세상은 두렵고 불안정하다. 그래서 자유는 태생적으로 위태롭다. 자유만이 만발한 세상은 위험하다. 위태로운 자유를 보장해주는 기제는 아이러니하게도 적절한 폭력이다. 폭력이 구조화되면 질서가 된다. 무질서한 폭력이 서로 부딪치고 수렴되는 과정에서 강력한 질서가 생겨난다. 이러한 질서는 위태로운 자유를 안정적이고 예측가능하게 만든다.

이렇게 고도로 구조화된 질서가 바로 국가이다. 그러므로 국가는 본질적으로 폭력에 기반하고 있다. 국가의 폭력은 외부의 적敵으로부터 구성원들을 보호하기 위해 쓰이기도 하고 자유가 평화롭게 구현될 수 있도록 도와주기도 한다. 본질적으로 국가와 조직폭력배의 조직원리는 동일하다.

안전의 보장

이처럼 국가의 기원이 무질서한 폭력을 질서있게 수렴하여 독점적으로 제도화하는 것과 관련이 있다면, 국가의 최우선적 과제는 인간의 위태로운 자유들이 서로 부딪치지 않도록 조율하여 자유를 평화롭게 구현하는 데에 있다. 다시 말하면, 국민들의 자유가 조화롭게 보장되도록 안전을 추구하는 것이 국가의 최우선 과제라는 것이다. 이것을 우리는 '안보'라고 한다.

안보(security)란 '의도적인 정치·사회적 또는 군사적 위협으로부터 발생하는 불안을 제거하고 평화를 제공하는 것'을 말한다. 안보가 제공되는 사회에서는 원시적인 '충돌하는 자유'가 문명적인 '조화로운 자유'로 변환된다. 그것이 문명국가가 제공하는 안보의 힘이다.

조화로운 자유를 막는 것은 개개인이 가지고 있는 무분별한 자유의 충돌이다. 무분별한 자유의 충돌은 결국 모든 구성원들에게 불안감을 조장하게 된다. 다른 사람의 자유가 자신의 자유를 억압하거나 제한하게 될 때 인간은 공포를 느낀다. 그러나 이러한 자유의 억압이나 제한이 항상 객관적으로 존재하는 것은 아니다. 때로는 이것이 과대평가된 주관적 관념일 수도 있다. 인간이 불안을 느끼는 것은 결국 외부의 위협에 대처할 수 있는 자신의 능력이 현저히 떨어지거나, 또는 그렇다고 느끼는 취약성에 기인한다.

그러므로 자유에 대한 위협은 항상 객관적인 외부의 힘과 주관적인 불안이 혼재되어 인식되는 것이다. 안보는 이러한 외부의 객관적 위협에 적극적으로 대처해 나가는 것뿐만 아니라, 내면으로부터 발생하는 주관적 불안을 감소하기 위한 노력까지를 포괄하는 개념이다.

기본권으로서의 안보, '기본안보'

위에서 논의한 것처럼 국가는 인간이 하늘로부터 부여받은 자유의 권리를 최대한 조화롭게 누릴 수 있도록 발명된 것이다. 역으로 국가는 국민에게 자유를 조화롭게 누릴 수 있는 여건, 즉 안보를 제공하는 것을 최우선의 소명으로 삼는다. 이때 인간이 천부의 인권으로서 누려야 할 당연한 안보를 이른바 '기본안보'라 할 수 있다. 기본안보는 외부로부터의 객관적 위협뿐만 아니라, 인간 내면의 주관적 인식에서 기인하는 불안을 제거함으로써 모든 국민이 평화롭고 안전한 삶을 영위할 수 있게 해주는 것을 말한다. 다른 모든 기본권처럼 안보권도 하늘이 내린 천부인권이다.

안보란 기본적으로 외부의 군사적 위협에 대응한 대비태세를 의미하지만, 최근에는 인간의 안전보장이라는 개념이 점점 확장하고 있는 추세이다. 안전의 보장이라는 것이 결국 주권자인 국민을 불안과 위협으로부터 보호하는 것이기 때문에, 이러한 위협과 불안은 반드시 외부의 군사적 위협으로부터 오는 것만은 아니다. 사람이 살고 죽는 문제는 반드시 전쟁을 통해서만 연관되는 것이 아니라는 것이다. 오히려 냉전의 '긴 평화'의 시기를 건너오면서 이제 인류는 과거의 '땅따먹기' 식의 영토와 자원을 둘러싼 무력충돌보다는 인간의 일상생활과 관련된 문제들로 더 많은 위협을 경험하게 되었다.

포괄안보

현재의 인류가 경험하고 있는 불안의 문제는 팬데믹과 같은 보건안보, 기아와 같은 식량안보, 기상이변과 같은 기후안보, 불평등과 빈부격차와 같은 경제안보 등과 관련이 있다. 이 모든 문제를 아우르는 개념이 바로 '포괄안보'와 '인간안보'이다. 결국, 안보란 군사적인 문제뿐만 아니라 모든 면에서 인간을 안전하게 보호하는 것이라는 의미이다. 현대 사회에서 인간은 전쟁과 같은 위협으로 죽을 가능성보다 교통사고나 질병, 테러, 기상이변과 같은 위험에 의해 희생당할 가능성이 훨씬 더 높다. 그러므로 국가의 안전보장에 대한 의무는 전 방위적인 관점에서 이루어져야 한다.

인간안보

1994년 국제연합개발계획UNDP은 과거와는 전혀 다른 개념의 안보관을 제시하였다. 진정한 세계평화를 위해서는 군사적 충돌을 방지하기 위한 군비감축이나 무력충돌 방지 외에도 인간의 기본적 권리, 환경보호, 사회안정, 민주주의, 경제적 안정 등이 보장되어야만 한다는 개념이다. 1970년대 이후 사회경제적 문제 자체가 개개인의 삶을 위협할 뿐만 아니라 전쟁의 주요 원인으로 대두되면서 인간안보의 개념이 부각되게 되었다. 인간안보는 평화, 경제발전 및 복지, 인권, 환경, 민주주의, 법치, 좋은 정치 등을 포괄한다. 국민 개개인의 안보를 우선시한다는 개념이기 때문에 인간의 평화를 해칠 수 있는 모든 요소를 안보위협의 요인으로 본다. 그래서 국가는 국민에게 누구나 접근 가능한 의료제도를 보장하거나 좋은 정치제도를 제공하고 환경을 보호하며 부의 재분배를 위해 노력하고 최소한의 '기본적인 소득'을 보장하는 등의 의무를 지고 있는 것이다.

예방안보

국가가 국민에게 기본적인 안보를 제공하는 데에 있어서 염두에 두어야 할 또 하나의 중요한 사항은 임박한 위협에 적절히 대처하고 극복하는 것도 중요하지만, 이러한 위협이 발생하지 않도록 근본적이고 선제적으로 대처하는 예방안보가 더 중요하다는 점이다. 물론, 국가는 전쟁의 발발이나 테러의 발생, 기상재난, 팬데믹과 같은 위협의 발생에 신속하고 적절하게 대응하는 것이 중요하지만, 더 좋은 방법은 이러한 위협들이 발생하기 전에 미연에 방지하는 것이다. 중국 춘추전국시대의 병법가이자 전략가인 손자孫子도 싸우지 않고 이기는 것이 최선이라고 한 바 있다. 일단 어떤 형태의 재앙이든 발생한 이후에는 피해를 최소화할 수는 있지만, 피해 자체를 없앨 수는 없다. 국가 권력의 입장에서야 때로는 위협의 발생을 기다렸다가 이기는 것이 더 이익이 될 수도 있겠지만, 국민의 입장에서는 위협의 예방이 위협의 극복보다 언제나 무조건 옳다.

평화외교

갈등의 예방을 위해서 국가는 주변국들과 갈등을 극복하기 위한 노력도 기울여야 하겠지만, 주변국들로부터의 위협을 사전에 방지할 수 있는 평화의 외교정책을 구사하는 것이 필요하다. 다시 말해서 주적을 설정해놓고 싸워서 이기는 것도 중요하지만, 그보다는 적이 생기지 않도록 관리하는 것이 더 중요하다는 것이다. 싸워서 지키는 평화는 결국 주권자인 국민의 희생을 전제로 한다. 전쟁에서 활약하고 희생당한 국민들을 영웅으로 기리는 행위보다 국민들이 희생되는 일이 없도록 예방하는 것이 더 값진 일이다. 평화야말로 현대 국가가 지켜야 할 외교의 최우선 목표이자 행동수칙이 되어야 한다. 평화는 인류 공통의 가치이자 공유된 신념체계이다.

평화와 경제의 선순환

오늘날 국가의 이익은 거의 모든 경우에 경제의 발전과 관련이 있다. 교류와 협력을 통해서 경제가 발전하게 되면 국가들은 평화롭게 공존하고 경제적 이해가 충돌하면 정치적으로도 대립하고 반목하는 경우가 대부분이다. 그러므로 평화로운 공존을 위해서는 경제적 교류가 매우 중요한 역할을 한다. 대체로 경제적 이익을 공유하는 집단들은 갈등적 요소가 내재해 있더라도 이러한 요소들을 억제하거나 완화하는 기제를 발휘한다. 그러나 경제적 이익을 공유하지 않는 집단 간에는 갈등적 요소가 돌출될 경우 사소한 계기를 통해서 회복하기 힘든 충돌을 경험하는 경우가 많다. 경제적 교류와 이익의 공유는 평화를 추동하고, 평화적 관계의 유지는 경제적 교류의 심화를 가능하게 한다. 경제적 교류의 확대는 다시 두 집단 간에 이익의 연대를 강화해서 평화적 공존의 토대를 강화한다. 이것을 평화와 경제의 선순환, 즉 '평화경제'라고 할 수 있다.

2. 한반도의 평화와 안보

한반도의 위협 요소들

한반도에서 평화를 위협하는 불안의 요소는 객관적, 주관적 측면이 모두 작용하고 있다. 객관적으로 핵무력을 포함한 북한의 위협이 존재하고, 이를 용인하지 않는 미국의 적대적 정책이 존재한다. 전 세계적으로 냉전적 질서가 종식되었음에도 한반도에는 여전히 냉전적 구조가 남아있다. 이뿐만이 아니다. 최근에는 미국과 중국의 패권 경쟁이 가속화되면서 양대 강국 사이에 '신냉전'이 조성되고 있다는 우려마저 제기되고 있다. 특히, 이러한 신냉전은 한미동맹을 통한 안보협력과 한중 무역을 통한 경제협력에 의존하고 있는 한국에 '선택의 위기'를 강요하고 있다는 점에서 우려가 제기되고 있다.

그러나 한반도에서 안보의 위기는 객관적 사실에 못지않게 주관적 관념에 더욱 영향을 받는다는 점을 인식할 필요가 있다. 사실, 1953년 정전체제가 수립된 이후로 한반도에서는 간헐적으로 남북 간에 소규모 충돌이 있기는 했지만, 전쟁의 조짐은 없었다. 어쩌면, 개디스Gaddies가 얘기한 '긴 평화'가 한반도에도 존재했었는지도 모른다. 냉정하게 돌아보면, 정치학적 현실주의가 얘기하는 합리성을 가정한다면, 남북한 모두 전쟁을 일으킬 만한 실질적 이익이 없다. 그 결과가 얼마나 처참할지 불을 보듯 뻔하기 때문이다. 그럼에도 불구하고, 한반도에서는 항상 실제보다 전쟁의 위협이 부풀려진다. 때로는 국내정치적 목적에 악용되기도 하고, 때로는 국제정치적 환경에 의해서 증폭되기도 한다.

평화체제와 신뢰의 문제

어쨌든, 이러한 시도들이 작동하는 근원에는 남북 간에 그리고 북미 간에 존재하는 불신이 자리하고 있다. 다시 말해서, 신뢰의 부족이 주관적 불안의 가장 중요한 원인이라는 것이다. 불신의 관점에서 바라보게 되면 상대방의 일상적이고 작은 행동들도 공격적이고 과도한 것으로 해석하게 될 수밖에 없다. 최근에 2021년 북한의 제8차 당대회 중에 북한이 방어적인 한미연합훈련에 대해서 보인 과민반응이나, 북한의 의전행사에 불과한 열병식에 대한 남한 내의 예민한 관심들이 그 예가 될 수 있을 것이다. 결국, 한반도 주변의 객관적인 지정학적 구조와 함께, 당사자들 사이의 주관적인 적대감이 평화로운 한반도를 실현하는 데에 가장 큰 걸림돌이 되는 셈이다.

특히 한반도는 동북아 차원의 패권경쟁과 한반도에서의 분단체제가 교차하고 있기 때문에 인간안보 차원의 기본권인 평화가 정착되기 어려운 환경에 놓여 있다. 따라서 국민들이 평화로운 일상을 누리고 국가적 안위를 확보하기 위해서는 남북미 간에 평화체제의 구축이 필요하다. 아울러, 북미 간의 적대적 관계를 해소하고 신뢰구축을 위한 조치들이 취해져야 할 것이다. 이런 점에서 전작권 전환을 비롯한 한미동맹의 재정립과 우리 군의 역량강화가 필요할 것이다.

한반도 안보불안은 구조적 문제

한반도에서의 안보 불안은 위에서 언급한 대로 구조적인 문제이다. 과거 냉전시대에 민주진영과 공산세력이 대립하는 최전선이었고, 현재도 패권국 미국과 여기에 역내 패권국으로의 도약을 꿈꾸고 있는 중국 사이에 심각한 전략적 경쟁이 벌어지고 있다. 미국의 트럼프 정부가 초기에 중국을 상대로 관세부과와 중국기업에 대한 제재를 가했을 때만 해도, 이것이 일시적인 현상으로 인식되는 측면이 있었으나, 시간이 흐르면서 점차 부상하는 중국에 대한 위기감에서 비롯된 구조적인 문제라는 것이 확실해졌다. 이것은 '트럼프 지우기'에 나선 바이든 정부조차도 트럼프의 대 중국 강경정책을 계승하고 나선 데에서 확인할 수 있다. 이것은 심지어 '민주주의' 대 '권위주의' 간의 '신냉전'으로까지 묘사되고 있는 실정이다.

이뿐 아니라, 한반도 내에서의 구조적 문제는 더 심각하다. 1990년대에 들어서면서 전 세계적으로 냉전적 질서는 해체되었지만, 유독 한반도에서 이러한 흐름은 비껴가고 말았다. 여전히 남한의 자본주의와 북한의 공산주의는 대립하고 있는 상황이다. 한국전쟁도 실질적으로는 종식되었지만, 법적으로는 여전히 '정전체제'라는 이름으로 지속되고 있다. 1953년 한국전쟁을 종식시키기 위해서 체결된 정전협정에는 미국과 북한, 중국이 당사자로 서명을 하였다. 이러한 미국과 북한 사이의 군사적 적대관계 때문에 한반도에서는 항상 전쟁의 긴장이 흐르고 있다.

북한의 안보불안과 핵문제의 본질

이러한 상황에서 등장한 것이 북한의 핵문제이다. 1990년을 전후로 구 공산권의 맹주였던 소련이 붕괴되고 중국마저 자본주의 개혁개방의 길로 나아가게 되면서 북한은 사면초가의 위협에 노출되었다. 이러한 북한의 체제불안에서 비롯된 것이 바로 핵무력 건설이다. 소련과 중국의 보호막이 사라진 상황에서 북한은 미국과의 직접적인 대립에 직면하게 된 것이다. 세계 최강국을 적대국으로 둔 북한의 입장에서 보면, 왜 그들이 핵개발에 나서게 되었는가 하는 것은 충분히 짐작이 가는 측면이 있다. 북한의 핵문제는 북한의 이러한 안보불안을 고려하지 않고서는 도저히 이해할 수 없다. 그러므로 북한의 비핵화 문제는 북한의 체제보장이라고 하는 문제와 동전의 양면과 같은 성격을 가지고 있다. 다시 말해서, 한반도에서 평화체제의 구축이 북한의 비핵화를 필수적 요소로 보고 있듯이, 북한의 비핵화도 북한의 체제보장을 필수적 요건으로 하고 있다는 것이다.

비핵화와 체제보장의 교환

북한은 미국이 먼저 체제를 보장하지 않으면, 핵을 내려놓을 수 없다는 배수의 진을 치고 있다. 미국의 체제위협 때문에 핵무기를 개발했는데, 체제보장 없이 핵무기를 내려놓는다는 것은 받아들일 수가 없다는 것이다. 미국에게는 선택의 문제이지만, 북한에게는 생존이 걸린 문제라고 할 수 있다. 문제의 본질과 해법은 명백한데, 과정상의 선후 문제가 북한 핵문제의 해결을 가로막고 있는 것이다.

문제는 미국이 1차, 2차 북핵위기 때의 경험 때문에 북한이 먼저 변하지 않으면, 미국이 먼저 북한에게 보상하지 않겠다는 강경한 입장을 가지고 있다는 점이다. 북한의 핵개발은 단순히 북한의 안보라는 관점에서만 바라볼 수 있는 것이 아니다. 넓게는 국제 핵비확산체제에 대한 도전이 되고, 지역적 차원으로는 일본과 한국, 대만 등의 핵개발을 자극할 수 있는 민감한 문제이다. 한반도 차원에서도 남한의 안보와 한미동맹에 직접적인 영향을 주는 중요한 문제이다.

결국, 미국과 북한이 동시에 행동을 취하는 것밖에는 선택의 여지가 없다. 또한, 모든 행동을 한꺼번에 할 수 없기 때문에, 북미 모두 양측의 요구를 하나씩 점검해 나가는 단계적 접근이 필요할 것이다. 특히, 이러한 북미 양국 간의 비핵화와 체제보장의 딜레마를 해결할 수 있는 근본적인 방법은 양국이 상호신뢰를 구축하는 것이다. 서로가 상대를 불신하는 상황에서는 어느 일방도 먼저 우호적인 조치를 하려고 하지 않을 것이기 때문이다.

종전선언과 군비통제

한반도평화체제를 구축하기 위해선 북미관계 개선과 신뢰구축이 필요하다. 신뢰구축은 과정이자 결과이다. 국제체제의 무정부성이 존재하는 한, 어느 누구도 다른 행위자의 호혜적인 행동을 담보할 수 없기 때문에 북미 간의 신뢰는 행동 대 행동, 동시행동, 상호검증을 통해서만 구축될 수 있다. 이를 위한 두 가지 출발점이 바로 종전선언과 군비통제이다.

이재명의 평화경제공동체

한반도에서 평화체제를 수립하고자 하는 노력은 번번이 벽에 부딪혔다. 한국 사회에서 평화를 제도화한다는 것이 얼마나 어려운 일인지 역사가 증명해주고 있는 것이다. 지금까지는 대개 안보체제가 경

이재명 경기지사가 경기지역 5대 공약을 발표하면서, 경기도는 이제 "분단국가를 넘어 유라시아로 나아가는 한반도 평화 시대의 중추적 역할도 담당해야 한다"고 밝혔다 (출처: 이재명 경기도지사 블로그).

제적 협력을 강화하는 전제라고만 생각했다. 그러나 이러한 노력이 성공하지 못했기 때문에 이제는 전면적인 패러다임의 전환을 추구해 보아야 한다. 경제적 의존성을 먼저 높여서 협력을 습관화하는 것이 국익에 도움이 된다는 확신을 가지게 한다면 대결구도를 통해서 호전적으로 핵개발에 매달리는 등의 적대적 행위를 줄여나갈 수 있을 것이다(이재명, 2017. 11. 28, facebook).

유럽의 전통적 숙적이던 독일과 프랑스도 역사적으로 석탄과 철강을 둘러싸고 대립했지만 결국 하나의 경제공동체를 이룸으로써 경쟁력도 확보하고 평화도 정착시킬 수 있었다. 한반도와 동북아에서도 실질적인 교류와 협력을 바탕으로 평화를 통한 경제, 경제를 통한 평화를 만들어 갈 수 있다(이재명, 2019. 12. 2, facebook). 다시 말해서, 한반도에서 안보공동체와 경제공동체를 동시에 추구함으로써 평화공동체로 나아갈 수 있다는 것이다. 일방의 이익이 아닌 공동의 이익 추구, 북방경제라는 기회의 창을 통해 동북아 공동발전과 북핵문제를 근원적으로 해결할 수 있는 것이다. 이제 평화와 협력의 시대로 나아갈 것인가 분단과 대결의 시대에 머물러 있을 것인가를 결정할 때이다(이재명, 2018. 6. 12, facebook).

한국주도의 동맹

한반도에서 평화를 구축하는 모든 과정에서 동맹인 미국의 역할이 매우 중요하다. 그러나 미국의 역할이 아무리 중요하다고 하더라도 한반도 문제의 근본적 해결을 위해서는 한국정부가 주도권을 가지고 역할을 할 필요가 있다. 최근의 사례만 보더라도, 오바마 정부의 '전략적 인내'와 트럼프 정부의 '최대한의 압박'처럼 정권의 변화에 따라 미국의 대북정책은 큰 변화를 보이고 있다. 벌써 바이든 정부가 들어서자마자 트럼프 정부의 대북정책에 대한 전면적인 재검토가 이루어지고 새로운 접근법이 제시되었다. 이러한 결과는 한미관계를 재정립할 필요성을 확인시켜 준다. 한미동맹과 북한정책에 있어서 우리 정부가 주도권을 가지고 있다면 미국의 정권변화에 따른 정책변화의 영향을 상당 부분 상쇄할 수 있을 것이다.

한미관계의 변화와 발전을 위한 요체가 바로 종전선언과 전시작전통제권 전환이다. 만약 우리의 바람대로 전시작전통제권 전환이 이루어진다면 현재의 연합사-유엔사-주한미군사 3각체제를 기본으로 하는 주한미군 운용에 변화가 불가피할 것이며 한미관계도 새로운 전기를 맞이하게 될 것이다. 미중전략경쟁이 심화되고 있는 상황에서 한국은 동맹 고유의 딜레마인, 연루와 방기의 위협에 노출되어 있다. 미국과의 관계 및 동맹의 이익을 저버릴 수도 없고, 우리의 뜻과 상관없이 마냥 끌려다닐 수도 없다. 한미동맹을 굳건히 유지하면서도 우리의 이익을 극대화하는 방법을 모색해야만 한다. 종전선언이 이루어진다면 전쟁상태를 기반으로 하는 현재의 정전체제가 평화체제로 대체되어 남북한이 주도하는 한반도 협력의 시대가 열리게 될 것이다.

3. 이재명의 국익중심의 균형적 실용외교

한 국가가 외교정책을 수립하는 데에 있어서 균형적 실용외교, 국익을 중심으로 하는 실용외교라는 것은 강대국 사이에 끼어 있는 약소국가가 가져야 할 가장 중요한 원칙이다. 우리가 친중을 하자는 것이 아니고, 외교라는 것은 본질적으로 자국 이익의 중심을 명확하게 설정해서 어느 한쪽에 너무 심하게 편향되지 않도록 하는 것이 중요하다. 특히, 한반도 문제만큼은 미국과 중국 등 외국의 입장과 이익이 아니라 대한민국의 관점에서 목표를 설정하고 정책결정에 임해야 한다. 남북적대시 정책을 고수하는 비주체적인 널뛰기 일방외교로 손실과 패망의 길을 갈 것인가, 균형적 실용외교와 강력한 자주국방력을 바탕으로 남북화해협력 공존공영정책으로 그리스-로마와 같은 융성의 길을 갈 것인가 이제 선택의 기로에 서 있다. 동맹의 바탕은 신뢰이고, 신뢰는 상호 존중으로부터 나온다(이재명, 2019. 12. 9, facebook).

비전과 전략

최경준

글로벌 선도국가 I : 비전과 전략

최경준

한반도가 만약 분단되지 않았다면 오늘의 한국은 어떤 모습일까? 상상에 기반한 '역사적 가정'은 실현되지 않은 것에 대한 추정에 불과하지만 우리 역사의 전개에 있어 중요한 선택과 사건이 무엇인지를 규명하는 열쇠가 된다. 한국이 동북아가 아닌 다른 지역에 있었다면 우리는 어떤 모습일까? 마찬가지로 이러한 '지리적 가정'도 오늘날 우리의 현실을 이해하는 데 도움을 줄 수 있다. 동북아에 위치한 한국을 잘라 유럽에 갖다 놓는다고 상상해 보자. 2020년 기준 5,183만 명의 인구, GDP 1조 9천 억 달러와 1인당 GDP 30,644달러의 경제력, 408억 달러의 국방비와 59만 9천 명의 군사력을 지닌 한국은 물질적인 국력에서 영국, 독일, 프랑스 등과 어깨를 나란히 할 수 있는 강대국의 위상을 누릴 것이다. 세계적 수준에서 비교해도 한국은 12위권의 경제력과 10위권의 군사력을 지닌 강대국이다. 굳이 한국을 유럽으로 이동시켜 보는 지리적 상상을 하는 이유는 동북아에 위치한 한국의 지정학적 특성이 한국의 외교에 미친 영향을 강조하기 위함이다. 미국, 중국, 일본, 러시아에 둘러싸인 한국의 지정학적 위치는 그동안 한국이 객관적인 강대국의 국력에 필적하는 글로벌 선도국가의 외교를 수행하는 것을 제약해 왔다.

우리가 유럽이 아닌 동북아에 위치한 현실을 한탄할 필요는 없다. 핵심 주변국들과의 국력의 차이를 무시하고 우리의 힘을 과신하는 것 또한 위험하다. 중요한 것은 우리가 놓인 지정학적 위치와 현실적인 국력을 객관적으로 인식하고 우리의 외교 전략을 수립해 나가는 것이다. 그러나 안타깝게도 지금까지 한국 외교는 동북아의 지정학과 불균등한 권력구조에 의해 수동적으로 이끌려 왔다. 이는 대륙과 해양 세력 중간에 놓인 취약한 지정학적 위치 속에서 위계적 권력 구조에 기반한 지역질서가 전개되어 왔던 사실과 무관하지 않다. 중국 중심의 천하질서, 제국주의 시기의 일제 강점, 냉전기 미국 중심의 국제질서 속에서 한국은 항상 수동적인 위치에 있었고 대등한 위치에서 강대국을 상대해 본 경험이 거의 없다.

한미동맹이 한반도의 안보에 상당한 기여를 했지만 그 효과성만큼이나 큰 대미의존성으로 인해 유연한 전략적 사고를 외교정책에 도입할 기회 역시 제약받았다. 한국의 외교정책은 한반도 특히 북한 안보 위협 문제에 과도하게 집중되었고 한반도와 동북아 지역을 넘어 우리의 국익과 연계된 범세계적 차원의 전략 공간에 대한 외교비전과 전략이 발전하지 못했다.

국제질서의 변환과 한국

오늘날 한반도, 동아시아, 그리고 글로벌 차원에서 전개되고 있는 국제질서의 변환은 강대국 지위를 지닌 핵심 주변국 사이에 끼어 있는 한국에게 새로운 도전과 이를 돌파할 수 있는 외교전략 수립의 필요성을 제기하고 있다. 전후 소련과 세계를 양분하며 군사, 경제, 이념, 체제를 놓고 경쟁을 벌이던 미국은 탈냉전 이후 유일한 초강대국이 되어 세계질서를 운용하였다. 미국이 주도하던 질서 속에서 한국은 한미동맹에 기반한 안보 구축, 수출주도형 경제성장, 그리고 민주주의 정치 발전을 이룩할 수 있었다. 그러나 2008년 경제위기 이후 미국 패권이 하락한 반면 급속한 경제성장을 통해 중국이 미국에 필적할 강대국으로 부상하였다. 쇠퇴하는 기존 패권국과 부상하는 도전국 사이의 첨예화된 경쟁이 벌어지는 국제환경은 한국이 협소하고 근시안적이며 임기응변적인 외교전략을 벗어나 장기적이고 전방위적인 외교 원칙과 전략을 수립할 것을 요구하고 있다.

탈냉전기 유일한 패권국이었던 미국은 이제 군사, 경제, 체제, 가치, 기술 등 거의 모든 영역에서 중국과 경쟁하고 있다. 그리고 이 경쟁에서 승리하기 위해 자신의 동맹국과 우방국들에게 중국견제에 참여하도록 압력을 가하고 있다. 더욱이 동맹과 우방조차도 미국 우선주의에 따라 거래의 차원에서 다루면서 세계질서의 공공재를 자신의 비용으로 지불하는 관대한 패권국과는 다른 모습을 보이기도 했다. 두 개의 초강대국이 패권경쟁을 벌이는 것이 물론 새로운 현상은 아니다. 그러나 과거 냉전기 미·소 갈등이 명확한 경계선을 지닌 두 개의 블록으로 나뉘어 각자 고립된 세력권을 구축한 채 전개되었던 것과 달리 현재의 미·중 갈등은 경제적으로 세계화된 국제 구조 속에서 이루어지고 있다. 한국경제는 과거처럼 미국시장에 전적으로 의존하고 있지 않으며, 중국은 한국에게 있어 가장 중요한 교역 대상국이다. 두 강대국 간의 싸움은 언제든지 우리의 일상적, 경제적 삶이 영위되는 우리 영토 내부에서 치열하게 전개될 수 있다.

미·중 전략적 경쟁이 전방위 영역에서 이루어지는 상황 속에서 '안보는 미국, 경제는 중국'을 중시하는 '안미경중安美經中'의 입장은 오직 제한된 전략적 유용성만을 지닌다. 한국이 한미동맹을 강화하면 중국은 자신을 견제하기 위한 미국의 전략에 한국이 동참함으로써 자신의 핵심적인 이익을 위협한다고 경계한다. 이는 지난 사드 배치의 사례에서 보듯 경제 보복의 단행으로 이어지기도 했다. 반면 우리가 미·중 사이의 '균형자' 역할을 모색하거나 중국과의 협력관계를 강화하면 미국은 한국이 전통적인 한미동맹 관계를 약화시키고 중국으로 편향될 것을 우려한다. 안보를 위한 미국 선택이 경제를 위협하고 경제를 위한 중국 선택이 안보를 위태롭게 하는 딜레마에 놓인 한국에게 안보와 경제의 분리 같은 단순한 접근법만으로는 우리가 처한 위기를 타개하고 국익을 실현하는 데 한계가 있다. 거대한 변환기에 놓인 지역 및 국제 환경 속에서 한국은 외교목표와 외교원칙 그리고 이를 구현하기 위한 구체적이면서 거시적인 외교전략을 수립해야 한다.

우리에게 필요한 외교전략은 '국익 > 목표 > 원칙 > 전략'의 체계를 갖춘 미시적 전략과 거시적 전략의 융합, 소범위 전략과 광범위 전략의 융합 형태이다. 한국은 한반도 주변 지역에서의 안보뿐만 아니라 무역과 경제, 에너지, 환경 및 기후변화, 보건에 이르는 다양한 영역과 넓은 지역 범위에서 국익이 맞물려 있다. 우리가 지키고 실현해야 할 국익이 무엇인지 스스로 규정하고 그 내용과 우선순위에 대한 내부적인 합의를 국민들과 함께 이룰 필요가 있다. 그런 다음 국익을 실현하기 위한 우리 외교의 목표(예컨대 공정과 성장에 기반한 내부적 역량

강화, 평화와 번영을 구가하는 지역공동체, 공존과 호혜를 실현하는 세계질서 등)를 설정해야 한다. 국익과 목표를 실현하기 위한 외교전략은 '개방성·연대성·포용성' 등 합리적 원칙에 기반할 필요가 있으며 기준과 원칙의 지침 하에 강대국과 약소국, 다자기구와 지역을 상대하는 미시적인 전략을 수립하고 활용해야 한다. 한 가지 빼 놓을 수 없는 것은 우리가 국익을 규정할 때 가치의 문제를 외면해서는 안 된다는 점이다. 민주주의, 인권, 공정 등 어떠한 가치를 우리가 중요시 하는가에 따라 우리의 국익에 대한 규정과 내부 합의가 달라질 수 있으며, 국제사회 속에서도 한국이 배타적인 국익만을 추구하는 존재가 아니라 범세계적 번영과 평화 공존 등 보편적인 가치를 책임 있게 수행하는 국가로 인정받을 수 있다. 한국의 국제적 리더십은 이러한 조건 속에서 발휘될 수 있다.

한국의 외교전략은 신장된 우리 국력에 맞는 국제적 역할과 책임을 다하고, 미·중 갈등으로 표출되고 있는 강대국 갈등 구조 속에서 우리의 국익을 실현하고, 남북 분단으로 인한 갈등과 위협을 해소해야 하는 현실 인식의 배경 속에서 수립되어야 한다. 그리고 그 정책은 우리가 추구하는 국익과 가치에 대한 내부적 합의, 국제적으로 인정받고 통용될 수 있는 원칙에 기반해야 한다. 그리고 이러한 원칙에 따라 강대국, 중견국, 약소국을 아우르며 우리 외교의 지역적 공간을 스스로 규정하는 유연하고 실용적인 전략이 구체화되어야 한다. 이러한 외교정책을 수행하는 글로벌 선도국가로서 한국은 지역과 세계 차원의 평화와 번영을 견인하며 국익과 보편적 가치라는 목표를 함께 실현시켜야 한다.

글로벌 선도국가의 배경, 전략, 목표

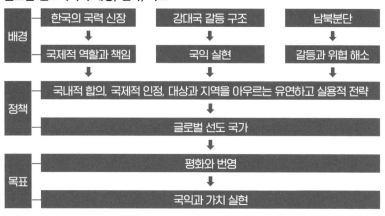

한국 외교의 전략과 비전

　강대국들을 핵심 주변국으로 두며 약소국의 지위에 머물러 있던 한국은 강대국 중심주의를 반영한 현실주의 국제정치 이론에 정책적으로 경도되어 왔다. 힘의 논리에 따라 국제관계를 접근하는 현실주의 이론은 국력에 따른 위계서열의 상층부에 있는 강대국이 우월적 자원을 수단으로 자국의 목표를 실현한다고 본다. 반면, 군사·경제적으로 취약한 약소국의 운명은 강대국의 손에 달려 있다고 인식한다. 안타깝게도 그동안 한국 외교는 제국주의와 냉전 시기를 거치며 강대국에게 스스로의 운명을 맡긴 채 우리 주도의 외교비전과 전략을 마련하는 데 한계를 보여 왔다.

　한국이 주도적으로 외교정책을 구상하고 이를 집행하기 위한 노력을 기울인 것은 탈냉전의 분위기 속에서 추진된 노태우 정부의 북방정책으로 거슬러 올라갈 수 있다. 그러나 북방정책은 소련의 개혁개방에 따른 미·소 긴장관계의 완화라는 배경 속에서 이루어졌다. 따라서 기존 한미관계의 틀을 벗어나 새로운 외교전략의 틀을 구축하고자 한 것은 아니었다. 그보다는 공산권 맹주였던 소련과 구공산주의 국가들과의 수교외교를 통해 북한을 압박하기 위한 안보적 영역에서의 보완적 성격을 지니고 있었다.

미국을 중심으로 한 기존의 한-미-일 협력틀의 제한을 넘어서 우리의 안보와 경제 문제를 주도적으로 해결하려는 시도는 김대중 정부의 햇볕정책이 사실상 최초라 할 수 있다. 그리고 김대중 정부를 계승한 노무현 정부가 '동북아 균형자론'를 시도한 것은 한국 주도의 외교정책을 동북아에서 실현하고자 하는 노력을 보다 구체적으로 보여준 것이다. 그러나 미국으로부터의 외교적 자율성을 확보하고자 한 '균형자론'은 실용외교를 반미로 인식하는 국내 보수진영과 미국의 반발로 실천의 단계로 나아가지는 못했다. 이 시기 '균형자론'은 동북아에서 미국과 중국 사이의 미시적 관계에 대한 전략 수준을 넘어 강대국과 약소국을 아우르고 동북아를 넘어 광범위 지역 구상을 포함하는 포괄적 거시 전략으로 나아가지 못한 한계 또한 지니고 있었다.

경제성장과 민주주의 실현에 따른 한국의 변화된 국제적 위상을 스스로 인식하고 이를 외교전략으로 연결하고자 하는 시도는 중견국 외교의 개념과 정책을 중심으로 이루어져 왔다. 중견국 개념은 '강대국-약소국'의 이분법에서 벗어나 중간 규모 이상의 국력을 가진 국가들이 추구할 수 있는 독자적이고 자율적인 외교정책을 모색하기 위한 시도이다. 강대국만큼의 힘을 갖추지는 못하지만 다자주의적 해법을 통해 강대국 사이의 갈등을 중재하는 등 틈새외교를 펼치거나, 환경, 기후, 인권, 기술 등의 영역에서 새로운 규범을 창출함으로써 국제정치에 영향을 미치는 외교에 대한 모색이 중견국 외교에 담겨 있다. 그러나 '강대국-중견국-약소국'이라는 3분법적 위계서열 구조를 답습하고 있으며, 중견국 외교의 활동 영역이 비군사적인 분야에 집중되면서 한국과 같이 강대국들 사이에서 안보문제를 풀어가야 할 상황에 적실성 있는 외교비전을 제시하는 데 한계를 드러냈다.

중견국 외교의 한계는 이를 한국 외교에 도입하고자 시도한 이명박, 박근혜 정부의 정책에서 그대로 드러났다. 이명박 정부의 '글로벌 코리아'는 한반도 안보와 동북아 지역외교는 한미동맹을 주축으로 하면서 동북아를 벗어난 지역과 이슈에 대해서 한국의 높아진 위상에 맞는 책임 있는 역할을 수행하는 글로벌 외교를 추구하였다. 따라서 이명박 정부의 중견국 외교는 한반도와 동북아, 안보와 군사 이슈가 빠진 제약과 한계를 드러냈다. 박근혜 정부의 '책임있는 중견국 외교' 역시 마찬가지였다. 한국 정부는 2013년 한국, 멕시코, 인도네시아, 터키, 호주 5개국으로 구성된 중견국 협의체인 믹타MIKTA를 발족시킴으로써 한국 외교의 지역적 범주와 외교대상을 확대시켰다. 그러나 정작 한반도와 동북아 문제에 있어서는 심각한 전략 부재를 드러냈다. 사드배치로 인한 중국과의 갈등, 개성공단 폐쇄, 일본과의 위안부 합의는 국내적 동의에 기반한 원칙과 국익에 대한 복합적인 사고가 외교정책에서 얼마나 중요한지를 다시 한번 인식시켰다.

문재인 정부의 외교전략과 비전은 중견국 외교의 기조를 유지하고 있다. 그러나 강대국 갈등 속 한국의 역할, 한반도와 동북아를 넘어

선 외교 공간의 확대, 안보와 비안보영역을 아우르는 글로벌 거버넌스의 이슈를 포괄하는 보다 체계화된 프레임을 제시하고 있다. 한반도 비핵화를 의제로 한 남북, 북미 정상회담을 통해 표명된 '한반도 운전자론', '중재외교'는 동북아의 안보문제 해결을 위해 한국이 어떻게 주도적인 역할을 수행할 것인지에 대한 한국 정부의 고민을 보여준다. 또한 '신북방정책'과 '신남방정책'은 우리 외교의 공간을 외연적으로 확대하려는 외교전략과 비전을 담고 있다. 국가비전의 일환으로 제시된 '교량국가' 역할 개념은 갈등하는 강대국을 이으며 평화와 번영을 선도함으로써 우리가 처한 지정학적 위치를 강점으로 바꾸고자 하는 주도적 노력을 반영하고 있다.

그러나 문재인 정부의 외교비전과 전략 역시 명확한 외교정책 원칙과 미시와 거시적 전략을 융합한 외교 대전략을 보여주는 데는 한계를 보이고 있다. 예컨대 교량국가 비전의 경우 강대국을 상대하는 미시적 전략에 해당되며 국익뿐만 아니라 가치와 규범을 놓고 충돌하는 미·중 강대국을 어떠한 원칙에 따라 가교로 이을 것인지, 중견국과 약소국들을 어떻게 갈등구조의 해소를 위해 참여시킬 것인지에 대한 고민이 명확히 담겨 있지 않다.

글로벌 선도국가 개념과 전략

한국 외교가 추구할 글로벌 선도국가는 미시적으로는 개별국가와 다자기구를 상대할 외교전략의 원칙, 거시적으로는 한국 외교의 공간적 범주와 지향하는 목표를 함께 담고 있는 외교전략 비전이다. 기존의 중견국 외교가 약소국이 그 지위를 얻기 위해 갈망하나 일단 중견국이 되고 나면 다시 강대국을 지향하며 언젠가 폐기할 것을 바라는 한시적이고 단기적인 비전이라면 글로벌 선도국가는 장기적이고 지속성을 지니고 있는 전략 프레임이다. 중견국의 지위에 있는 글로벌 선도국가는 약소국이 중견국의 지위로 오르도록 돕고 다른 중견국들과 협력을 통해 강대국들을 상대하면서 국제적 문제 해결을 도모한다. 반면 강대국 지위에 오른 글로벌 선도국가는 보다 높은 수준의 포용성과 개방성 그리고 연대성을 통해 국익과 공동번영의 가치를 실현시키는데 주도적인 역할을 담당한다. 따라서 중견국의 지위를 넘어 강대국의 반열에 오르고 있는 오늘날 한국이 중장기적 관점에서 추구할 수 있는 외교전략이다.

글로벌 선도국가 전략은 강대국, 중견국, 약소국, 그리고 다자기구에 대한 각각의 전략을 미시적으로 채택하고 정책선택과 집행의 원칙을 견지한다. 첫째, 미국, 중국 등 강대국에 대해서는 유연성과 실용성의 원칙에 따라 균형, 동맹, 헤징, 중재 등 다양한 외교전략의 수단을 활용한다. 둘째, 중견국에 대해서는 연대성의 원칙에 따라 협력과 공조의 전략을 통해 강대국 중심이 아닌 보다 평등하고 공정한 국제질서를 도모한다. 셋째, 약소국(개도국)에 대해서는 포용성과 공정성의 원칙에 따라 지원과 원조의 전략을 통해 강자와 약자가 공존하는 국제질서를 지향한다. 마지막으로, 다자기구에 대해서는 누구나 참여할 수 있는 개방성의 원칙에 따라 지역 및 글로벌 차원에서 다양한 이슈를 다루는 다자기구의 건설과 참여에 앞장선다.

외교 대상별 글로벌 선도국가 외교전략

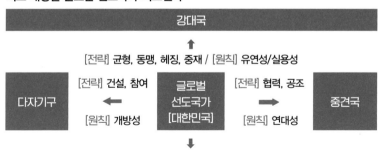

이러한 원칙과 전략 속에서 한국은 미·중 간 양자택일의 선택이 아니라 장기적 관점에서 한국의 국익과 국제사회의 보편적인 규범을 지향할 필요가 있다. 특히 특정국가의 외교정책에 일방적으로 의존하거나 편승하지 않고 전략적 실용외교를 통해 우리의 외교안보 현안에 대해 스스로 적극적인 방안을 모색하면서, 안보, 경제, 인권, 기술, 보건, 환경 등 사안별로 고도의 유연성을 발휘해 균형점을 찾도록 노력할 필요가 있다. 또한 미·중 간 세력 경쟁과 충돌을 거부하는 지역별 중견국과의 연대를 통해 미국과 중국이 각자의 동맹 확장을 위해 과도하게 경쟁하는 것을 완화할 필요가 있다. 약소국에 대한 지원은 한국이 배타적이고 편협한 국익만을 추구하는 이기적인 국가가 아니라 인류 공영을 함께 추구하는 책임 있는 국가라는 인식을 확산시켜 글로벌 선도국가로서의 리더십을 발휘할 소프트파워 신장에 기여할 것이다. 또한 한국은 다자기구의 창출과 참여를 통해 강대국에 둘러싸인 동북아 지역에서 한국이 지닌 지정학적 취약점을 보완하고 이를 극복하는 데 활용할 수 있다.

글로벌 선도국가의 외교는 국가, 지역, 그리고 글로벌 영역을 범주로 한다. 먼저, 글로벌 선도국가로서의 역할을 수행하기 위해서는 이를 뒷받침할 내부적 역량의 구축이 필요하다. 이는 경제적 성장을 통한 물질적 능력의 강화뿐만 아니라 민주주의 체제 속의 공정성 확보를 통해 이루어질 수 있다. 국내적 불평등과 불공정성을 지닌 국가가 지역 및 글로벌 차원에서 공존과 호혜를 주장하는 데는 한계가 있다. 우리 내부에서 공정과 성장에 기반한 역량과 가치를 실현할 때 외부적으로 우리의 목소리를 설득력 있게 제시할 수 있다. 또한 우리 국익이 무엇이고 우선순위를 어떻게 설정할 것인지, 우리가 국제적으로 추구하는 가치와 규범이 무엇인지, 외교전략의 선택으로 인해 초래될 잠재적 손실을 어떻게 내부적으로 수용할 것인지에 대한 합의를 이룰 때만이 원칙에 기반한 안정성, 실용성, 지속성을 지닌 외교정책을 추진해 나갈 수 있다.

또한 지역 차원에서 평화와 번영을 위한 평화경제공동체를 구축하는 일이 필요하다. 분단 상황으로 인해 초래되는 안보 위협 속에서 우리의 국내적 역량을 키우는 데는 한계가 있다. 한반도를 비롯한 동아시아 지역에서 우리가 주도적으로 평화경제공동체를 수립하는 것은 우리의 내부역량이 뒷받침되어야 하지만 반대로 평화경제공동체 건설을 통해 우리의 역량이 강화될 수 있다. 이러한 선순환 구조는 글로벌 차원에서의 보편적인 공존과 호혜를 실현하는 일과도 맞물려 있다. 동아시아 지역의 평화경제공동체는 국제적 차원의 보편공동체를 형성하는 모델의 기반이 됨과 동시에 이러한 보편공동체의 형성을

외교 범주별 글로벌 선도국가 외교전략

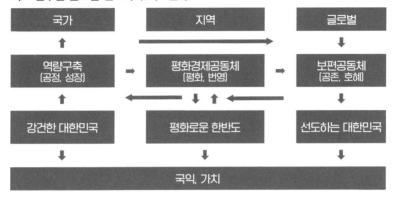

통해 동아시아의 평화경제공동체가 더욱 활성화될 수 있다. 예컨대 남북한 경제협력은 동아시아를 넘어 유라시아 전역을 아우르는 경제, 에너지, 유통과 무역망의 형성 그리고 궁극적으로는 평화와 안보 증진에 기여할 수 있다. 국가적 차원에서 강건한 대한민국을 만드는 일은 지역 차원에서 평화로운 한반도를 구축하고 글로벌 차원에서 선도하는 대한민국의 역할을 수행하는 일과 동시에 진행될 필요가 있다.

한국이 국가 영역을 넘어 우리의 외교범주를 보다 넓은 지역적 공간과 글로벌 영역으로 확장하는 일은 우리의 국익과 깊이 관련되어 있다. 한국경제는 무역, 에너지 수입, 곡물 자급 측면에서 매우 높은 대외의존도를 지니고 있다. 한국의 높은 대외 경제의존도는 우리의 국익과 번영이 세계 경제의 번영과 깊이 결부되어 있음을 의미한다. 분쟁, 핵확산, 테러, 기후변화, 팬데믹 등 경제통상활동에 대한 위협은 곧바로 우리의 국익에 영향을 미친다. 안정적인 세계경제와 에너지 수급 등을 위해 우리의 외교 공간은 한반도와 동아시아를 넘어 시베리아, 중앙아시아, 동남아시아, 남아시아, 중동, 유럽과 아메리카 등 전 지구적 영역으로 확대될 필요가 있다. 이러한 측면에서 '신북방정책'과 '신남방정책' 등은 글로벌 선도국가 외교전략의 일환으로 확대 발전될 필요가 있다. 또한 다양한 지역과의 협력 구축과 국제연대의 도모는 한반도에서 벌어지는 강대국 정치의 위험을 분산시켜 우리의 국익 증진 추구에 기여할 수 있다.

글로벌 선도국가 외교가 지녀야 할 또 다른 중요한 특성은 '가치와 국익의 연계'이다. 배타적인 국익추구를 위해 글로벌 외교를 수행할 수 있을지라도 선도국가의 외교를 수행할 수는 없다. 국제사회 속에서 한국은 공유할 수 있는 '가치(value)'를 '같이(together)' 실현하여 국가적 이익을 국제적 규범과 이익 속에서 조화롭게 실현할 필요가 있다. '평화·공영·연대'는 한국이 글로벌 선도국가로서 국제사회와 함께 추구할 수 있는 가치이다. 분단국가이자 강대국에 둘러싸인 안보취약국인 한국에게 평화는 우리가 지향해야 할 가치이자 그 실현을 통해 국제사회에 기여할 수 있는 가치이기도 하다. 경제적 저발전의 덫에서 벗어나 단기간에 경제성장을 이룬 한국은 우리가 이룬 경험을 국제사회와 공유하고 여전히 저발전에 놓인 국가들에게 지원과 원조를 실행함으로써 공영의 가치를 추구할 수 있다. 경제의 대외 의존도가 높은 한국에게 국제사회의 공동번영은 우리에게도 중요한 이익 실현의 기반이기도 하다. 마지막으로 연대의 가치는 우리가 국내적으로 사회적 약자를 포용함으로써 실현해야 할 가치임과 동시에 국제사회에서 중견국을 넘어 강대국의 반열에 올라선 한국이 다자간 국제협력을 통해 실현할 중요한 가치이다. 개방적이고 공정한 국제 질서를 유지하고 약소국과 중견국이 연대하여 공동의 이익을 실현하는 일을 한국은 글로벌 선도국가로서 지향할 필요가 있다.

|글로벌 선도국가 II|

국익 중심의 실용외교

박종철

글로벌 선도국가 II: 국익 중심의 실용외교

박종철

먹고 사는 문제, 죽고 사는 문제

개인의 일상적 삶에 가장 중요한 것은 먹고 사는 문제이다. 취업, 진학, 주택마련, 결혼, 복지 등의 영역인데 이는 인간의 안전보장이라는 측면에서 가장 중요한 문제인 것이다. 인간의 안전보장에 있어서 보다 핵심적 문제는 죽고 사는 문제인데, 이는 국가의 군사력과 경제력이 전통적으로 중요한 요소였다.

코로나19 팬데믹으로 생명안전에 대한 위기대응능력도 국가의 안보 능력의 핵심요소라는 점이 부각되고 있다. 탈냉전시기 이후 기후변화와 환경, 에너지, 식량, 전염병 확산, 난민, 테러 등과 같이 새롭게 부각되는 안보위기는 패권국과 강대국의 협조에 의하여 제공되어 왔던 전통적인 군사적·경제적 안보와는 다른 차원의 고민과 해결방안을 제시하고 있다. 패권국과 강대국의 협조만으로 해결할 수도 없고, 각각의 개인 차원에서 이러한 비전통적 새로운 안보위기가 더욱 삶에 직결이 되고 있다. 전통적인 안보는 '하드 파워'와 같이 군사력·경제력을 동원하여 자신이 원하는 방향으로 상대방을 움직이도록 하는 강제력을 의미했다. 이와 더불어 보다 다양한 행위자들이 인정할 수 있는 가치, 이데올로기, 문화, 체제 창설과 유지 능력 등과 같은 무형의 힘을 '소프트 파워'라고 규정하며, 정보혁명 시기 국경을 가로지르는 정보의 확산의 가속화되면서 소프트 파워가 더욱 중요한 요소로 부각되고 있다. 국제정치학자 조지프 나이 교수와 로버트 커헤인 교수는 국가의 안전을 달성하는 군사력과 경제력과 같은 힘을 하드 파워와 무형의 소프트 파워로 구분하면서 정보혁명 시기 소프트 파워가 더욱더 힘을 발휘하고 있다는 혜안을 제시하였다. 군사력·경제력과 같은 전통안보, 한국적인 것, 그리고 자유, 민주, 인권과 같은 가치안보, 생명안전과 같은 비전통안보라는 세 개의 기둥이 현재 지구촌을 선도하는 국가들이 외교안보능력을 평가하는 기준이 되고 있으며, 이러한 세 기둥은 국가의 기본안보 능력이 되고 있다.

글로벌 선도국가로의 위상과 품격

최근 발표된 글로벌 국가별 비교지표는 우리나라가 동아시아를 주도하는 글로벌 선도국가의 위상과 품격을 지니고 있음을 보여준다. 1996년 경제분야 선도국가들의 모임인 경제협력개발기구(OECD: Organization for Economic Cooperation and Development), 2009년 OECD 개발원조위원회(DAC: Development Assistance Committee)에 가입하여, 지구촌으로부터 '원조 받는 국가'에서 '원조하는 국가'로 변모했다. 또한 2016년 22개 주요 채권국 협의체인 '파리클럽'에 21번째 국가로 가입하였으며, 2019년 세계무역기구(WTO: World Trade Organization)에서 공식적으로 개발도상국 지위를 포기했다. 물론 대부분 선진국들의 국가별 분류에 우리나라는 이미 선진국으로 그 지위가 변경되어 있는 상황이다. UN무역개발협의회(UNCTAD: United Nations Conference on Trade and Development)는 1964년 설립되었는데 우리나라도 원조를 받기 위하여 그 해 가입하였다. 2021년 7월 우리나라는 UNCTAD 역사상 최초로 개발도상국에서 선진국 그룹으로 변경된 국가로 기록되었다.

코로나19 팬데믹 시기 글로벌 경제의 침체 추세에도 불구하고, OECD에 의하면 한국은 2020년 명목 GDP가 1조 6,240억 달러를 기록하여 세계 9위를 기록하였다. 국제통화기금(IMF: International Monetary Fund)은 우리나라가 2026년까지 세계 10위권 이내의 경제 규모를 유지할 것으로 전망하고 있다. 한국은 첨단 제조업 생산의 부가가치 및 수출에서 세계 5~8위를 기록하며, 4차 산업혁명의 핵심장비인 반도체, 배터리, 자동차 등이 주요 생산과 수출 품목이 되고 있다.

군사안보 차원에서 한국은 핵무기를 제외한 첨단 군사력이 세계 6위를 기록하고 있다. 한국의 2020년 국방비는 404억 달러로 세계 10위를 기록했으며, 2019년 방위산업 수출액은 31억 달러로 세계 8위의 재래식 장비를 수출하고 있다. 2021년 블룸버그 혁신지수에 따르면, 한국은 총점 90.49로 세계 1위를 기록하였고, 코로나19 회복력 지수는 세계 12위를 기록하고 있다.

코로나19 팬데믹 위기 상황에서, 한국은 한류, 디지털기술(반도체, 5G), 전염병 방역과 같은 생명안전 등에 대한 능력의 위상이 제고되고 있다. 코로나19 방역과 민주, 인권의 가치를 동시에 증진시키고, 외교실천의 연성권력(soft power)의 평판이 유지되고 있으며, 글로벌 선도국가로서의 품격이 제고되고 있다. 물론 글로벌 선도국가의 품격의 유지를 위해서는 글로벌 평화와 성장에 공헌을 해야 한다. 예를 들면, 2022년 공적개발원조(ODA: Official Development Assistance) 예산이 올해보다 5,579억 원(12.3%) 증가된 4조 1,680억 원으로 책정되었다. 탄소중립 2050 등 기후변화 분야에서도, 유엔기후변화협약에 가입한 주요 선진국들은 개발도상국의 기후대응을 지원해야 하는데, 연간 1천 억 달러를 조성하기로 합의했다. 우리나라도 상당한 부분을 공헌할 것을 요구받고 있다.

해방과 전쟁 이후 최빈국으로 출발한 대한민국은 탈냉전시기 중견국가로 성장했다. 또한 코로나19 팬데믹과 같은 대전환의 시기에 글로벌 선도국가로 진입했다. 향후 공정한 글로벌 질서에 책임을 다하는 선도국가로 전통적 안보, 가치 안보, 비전통적 안보의 세 측면에서 능력을 갖추고, 미·중 관계의 변동에 따른 위기관리 능력을 강화해 나가야 할 것이다.

미중 전략경쟁과 각자도생의 국익 경쟁

글로벌 선도국가라는 위상에도 불구하고, 미·중 전략적 경쟁의 심화를 필두로 하는 전통적 안보 위협의 증대와 보건, 기후변화 등 비전통적 안보 위협의 부각은 한국 외교에 새로운 숙제를 안겨주고 있다. 냉전 체제 붕괴 이후 지난 30년 정도 유지되었던 미국 헤게모니에 기반한 지구촌 협조체제가 요동치며 글로벌 안보가 대전환의 시대에 진입하고 있는 것이다.

미·소 냉전과 같은 양극체제나 미국 헤게모니에 기반한 강대국 협조와 같은 안정된 글로벌 질서 속에서는 일관된 외교원칙 속에서 패권국과 협조를 하면 되었기 때문에, 다자주의에 기반한 협조체제가 유지될 수 있었다. 대전환의 시기는 미국이 설계한 지구촌 질서와 주요 강대국이 관리하는 지역적·국제적 정세 속에서 각국이 경제적 성장을 목표로 제한적으로 안보를 통제하던 시기가 막을 내리고 있음을 의미한다. 따라서 글로벌 질서의 구조적 대전환과 분산 속에서 각자도생의 생존논리에 기초하여 일관된 원칙보다는 돌발적으로 발생하는 위기에 대응하는 상황관리 능력이 국가 안보 능력의 핵심으로 부각되고 있다.

미국 바이든 대통령은 중국의 부상에 대응하여 사안별로 협력, 경쟁, 대립을 통해 미국의 대對중국 우위를 지킬 것임을 천명했고, 현재 미·중 전략적 경쟁은 분야별, 사안별로 다양한 양상으로 전개되고 있다. 요동치는 글로벌 정세의 변화 속에서 각국은 바이든 행정부와 마찬가지로 국익중심의 외교정책을 강조하고 있고, 냉전 체제 붕괴 전후에 그랬던 것처럼 가치 공유에 따른 국가 간 연대보다는 상호 이익에 기반한 사안별 전략적 상황대응 방안이 증가할 것으로 전망된다.

현재 바이든 행정부의 대외정책과 대중對中정책의 핵심은 시진핑 주석 장기집권 하의 중국의 전면굴기를 견제해서 미국의 패권 질서를 유지하거나 혹은 패권의 하강 속도를 늦추는 것과 관련된 외교실천방안에 집중되어 있다. 한편 시진핑은 도전국가의 강한 지도자로서 미·중 관계가 투키디데스의 함정과 같은 대결 국면으로 치닫지 않고, 자긍심 고취와 실력 양성에 집중하며 방어적이고 장기적으로 준비하는 외교실천으로 대미對美관계를 관리하고자 한다. 현재의 미·중 관계는 냉전시기 미·소 대결과는 달리, 다양한 분야에서 상호의존 상태가 심화되어 있어 양국 사이에 탈동조화decoupling하기 상당히 어려운 구조를 지니고 있다. 따라서 양국은 군사·안보 및 가치 분야에서 치열한 견제 및 경쟁을 지속하겠지만, 기술, 경제, 무역, 보건, 기후변화 등 여타 분야에 있어서는 사안별로 경쟁과 대립 그리고 경쟁과 협력이 혼재되어 요동치는 모습을 보여줄 것으로 예상된다. 즉 군사·안보 및 가치 분야에서의 견제, 기술 및 경제·무역 분야에서의 경쟁, 보건, 기후변화, 비확산 분야에서의 협력이 복합적으로 작용하며 글로벌 질서와 미·중 관계에 영향을 미칠 것으로 보인다. 이에 따라 미·중 간 근본적이고 포괄적인 단절은 어려울 것이며, 양국 사이에는 적당한 타협을 통해 전략적 조정이 이루어지는 구조가 형성될 가능성이 높다.

미국은 우리의 유일한 동맹 국가이며, 중국은 우리의 최대 경제무역 동반자 국가이다. 1979년 1월 미중 수교 이후, 미중 협조체제 시기에 따라서 우리나라와 대다수 국가들은 죽고 사는 안보와 먹고 사는 경제문제에서 안정적인 글로벌 환경에 있었다. 이 기간 우리나라는 개방형 통상국가로 성장하여 2020년 기준 세계 8위의 무역대국으로 성장하였고, 이러한 통상대국으로 성장하는 데에는 2012년 3월 발효된 한미 FTA와 2015년 12월 발효된 한중 FTA가 동력이 되었다. 2020년 기준으로 미국과 중국은 세계 1, 2위의 경제대국이며, 우리나라의 최대 무역 상대국이다.

미국은 태평양과 인도양을 연결하는 새로운 지리개념을 전략적으로 만들면서, 일본, 호주, 대만, 베트남 등과 군사 협력을 강화하며 중국견제를 하고 있다. 미국 정부는 다양한 방식으로 대중 제재를 취하고 있고, 트럼프 전 대통령 시기 무역 관세전쟁, 미국 기업의 귀환 요청 등 시끄럽고 많은 이벤트를 벌였다. 한편 대중 군사견제의 핵심이 되는 일본, 대만, 호주, 베트남 등을 포함하여 거의 모든 지역과 국가들이 중국과의 무역을 유지 및 확대하려고 하고 있다. 미국과의 군사 협력으로 인해 중국의 경제제재를 받는 호주도 대중 수출을 확대하는 전략을 취하고 있으며, WTO 등 국제경제기구에 중국의 제재조치를 제소하는 해결방안을 모색하고 있다.

중국은 세계 최대의 소비시장으로 부상을 했고, 2020년 5월 중국 공산당 중앙정치국은 '쌍순환전략'을 국내-국제 경제 발전 전략으로 제시하였다. 중국정부의 쌍순환전략은 내수확대를 통한 국내순환

중국의 4대 수입국: 2009~2020년(단위: 백만 달러)

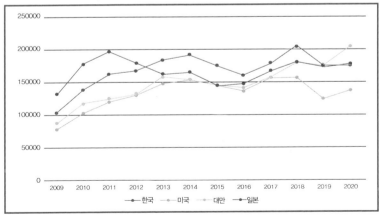

출처: IMF, Direction of Trade Statistics

촉진과 수출입 확대를 통한 국제순환 촉진을 시켜, 코로나19 팬데믹으로 인한 경기침체를 방지하며 중국 국내와 더불어 전 세계 경제·무역을 성장시키겠다는 외교와 무역의 연계전략이다. 상하이수입박람회 등을 통하여 대규모 수입계약을 체결하는 중국의 국가경제전략에 따라서 중국과 각국의 무역협력은 더욱 심화될 것으로 전망된다.

지정학 시대의 부활과 주변지역 위기에 대한 연루의 딜레마

근대 국민국가 이후 국경선이 명확하게 개념화되면서, 영토는 국가의 핵심요소가 되었다. 인류는 영토와 국경을 놓고 더욱 치열하게 전쟁을 치렀다. 국경은 철조망이 쳐지고 참호 속에 중무기를 배치하며 넘을 수 없었던 증오의 공간을 상징하기도 한다. 냉전 종식 이후 1985년 유럽 몇 개국은 솅겐조약을 체결하고, 국경은 평화로운 공간으로 이웃집에 마실가듯이 선을 넘을 수 있다. 솅겐조약 가입국이 증가하면서 단절을 의미하는 국경선의 개념이 변화하고 있고, 교류와 소통의 가능성이 대두되고 있다.

해방과 분단이후 한반도는 남북 분단만이 아니라 미·소 냉전의 최전선으로서 세계 주요국이 대부분 참전한 국제전쟁을 치렀다. 이후 탈냉전 분위기 속에서 또 다른 동서독 사이의 국제 분단은 허물어졌다. 한반도에도 개성공단과 평양, 금강산, 개성 등 관광을 통하여 남북 화해의 분위기가 조성되었다. 그러나 개성공단도 금강산관광지구도 더 이상 남북이 교류하는 공간이 아니고, 또다시 한반도는 글로벌 전략경쟁의 전초기지가 되고 있다.

유라시아 대륙과 태평양 바다의 중심에 위치해 있는 한반도는 역사적으로 전략적 요충지였다. 2010년대 미·중 전략적 경쟁이 본격화되면서, 한반도-대만해협-남사군도를 잇는 태평양과 대륙이 또다시 미·중 사이에 최전선으로 변모하고 있다. 1950년대와 같이 한반도의 지정학적 가치가 재부각되고 미국과 중국의 상충되는 요구에 한반도의 운명이 흔들리는 상황을 다시 맞이할 가능성을 결코 배제할 수 없다. 근대국민국가 이후 한반도, 대만해협, 남중국해에 이르는 태평양과 대륙은 세력충돌의 핵심지역이었고, 냉전 이후 인도차이나 전쟁과 한국전쟁 등 강대국 패권전쟁으로 고통을 겪었고, 겪고 있는 지점이다. 이러한 지역에서 강대국 패권 경쟁이 미국의 '인도·태평양 전략'과 중국의 '일대일로 구상' 간 충돌로 재연되고 있다. 아편전쟁 이후 100년이 넘는 기간 지속적인 전쟁을 벌였고, 냉전말기 데탕트 이후 어느 정도 안정을 맞고 있지만 분단국가로서 다시 첨예한 패권충돌의 지역으로 부상되고 있다. 과거 뼈아픈 전쟁의 기억 속에서 미·중 혹은 동맹국 사이에 전면적인 전쟁이 발발할 가능성은 낮지만, 태평양-인도양-대서양에 이르는 미국과 수십 개 동맹국들과 다른 한축으로 중국과 러시아를 중심으로 유라시아 대륙에서 수십 개국이 동시 전면적인 글로벌 합동군사훈련을 펼치고 있어 긴장이 고조되고 있다.

미군은 전 세계 바다에서 '항행의 자유작전Freedom of Navigation Operations'을 실시하고 있으며, 영해 12해리(22.2km) 밖에서 군함의 자유로운 통행을 국제법적으로 보장해야 한다고 주장하고 있다. 한편 중국인민해방군은 급속히 전력을 강화하여 남중국해 등 바다에 인공섬과 군사시설을 건설하였으며, 중국정부는 남중국해에서 U자형의 9단선을 선포하여 미국 및 아세안 국가들과 마찰을 빚고 있다. 그 외에 다양한 주변 국가들과 영유권 분쟁이 심화되고 있다. 미국은 중국해 주변에서 일본, 호주 등을 초대하여 연합해군작전을 벌이고 있으며, 역내 핵심동맹인 한국에도 참여를 요청하고 있다. 미·중 양측의 지리에 대한 입장이 상충할 뿐 아니라 군사적 충돌로 이어질 가능성이 높은 연합훈련에 대한 한국군의 참여 여부 결정은 시간이 지날수록 더욱더 난제가 될 것으로 보인다. 미군의 대서양-태평양-인도양 전역에서 중러를 포위하는 형태의 연합군사훈련을 동맹들과 실시하고 있다.

300년간 중러는 대륙 영토를 둘러싸고 군사적 충돌을 빚어왔다. 1960-70년대 중러는 상호 핵공격 공포 속에 있었다. 그런데 2000년 이후 양국은 연합군사훈련을 실시하고 있고, 최근에는 연합군사훈련을 글로벌 차원으로 확대하여 양국의 협력과 상하이협력기구 가입국들과의 연합군사훈련도 강화하고 있다. 문제는 중러의 연합군사훈련 과정에서 우리나라의 방공구역 침범과 우리나라 주변지역에서 미사일 발사를 위한 항행경고를 발령하고 있다는 점이다. 다시 설명하면 미국의 글로벌 연합군사훈련과 중러의 글로벌 연합군사훈련이 실시되는 여러 지역이 중첩되고 있으며, 한반도, 대만해협, 남중국해의 영해 12해리를 중심으로 미·중 양국은 항공모함, 구축함, 스텔스 핵폭격기, 핵탑재 잠수함 등을 동원한 대규모 훈련을 실시하여 상대방을 견제하고 있다. 현재 양측의 전면충돌 의도는 없어 보이나, 우발적 국지 충돌 가능성을 배제할 수 없는 상황이다. 만약 우발적 충돌상황이 발생하는 경우, 주한미군이 분쟁해결을 위해 동원될 가능성이 존재하며, 이에 따라 한국이 미·중 간 분쟁에 말려들 여지가 생길 수 있다.

따라서 우리에게 미·중 간 우발적 충돌을 예방하는 선제적 군사외교와 예방외교가 더욱 중요해지고 있다. 우리 정부는 우리의 안보에 직접 영향을 미치는 해당 지역 분쟁방지를 목표로 미·중과 관계국들이 타협을 통한 창의적 해법을 절충하도록 예방차원에서 접근할 필요성이 있다. 이와 더불어 미·중 전략적 경쟁이 심화되고 있는 상황에서 어느 일방을 선택하기 보다는 포괄적이고 개방적이며 평화지향의 외교정책을 추진하여 지역의 평화와 안전을 도모하고 국제적 다자협력을 견인·촉진하는 것이 필요하다.

글로벌 선도국가의 국익 중심 실용외교

현재 국제사회는 불확실하고 불안정한 대전환의 시대를 맞이하고 있다. 앞에서 논의한 것처럼 미·중 전략적 경쟁은 전면적이고 단선적인 강대국 간 충돌이 아니라, 사안에 따라서 협력, 경쟁, 대립을 할 수 있는 복합적인 성격을 가지고 있다. 더욱이 코로나19 팬데믹과 같은 생명안전을 위협하는 비전통적 안보위협이 부각되면서 글로벌 질서의 혼돈 속에서 각국은 각자도생의 국익 경쟁을 벌이고 있다. 즉 글로벌 질서의 구조적 대전환과 분산 속에서 세계 각국은 가치와 이념보다는 자국의 이익을 외교실천의 기준으로 삼고 상황관리 및 위기관리 능력에 중점을 두고 있다.

한국전쟁 이후 한미동맹은 한국의 외교안보의 근간이 되어 왔다. 한편 탈냉전시기 우리는 중국과 경제적 협력을 통하여 막대한 무역흑자를 기록하고 한반도 안정을 달성했다. 그런데 우리의 안보와 경제에 밀접하게 관계가 있는 미국과 중국, 그리고 핵심적 이웃국가인 일본, 러시아가 전략경쟁을 벌이고 있다. 통상국가이며 분단국가라는 제약 속에서 어느 국가와도 적대관계를 맺는 것은 먹고 사는 문제를 넘어서 죽고 사는 문제에 다시 봉착할 위험성이 있다. 제국주의의 침략, 그리고 분단과 전쟁을 통하여 우리는 폐허 상황에서 비참한 반세기를 살아왔다. 따라서 미중 전략경쟁과 국익중심의 각자도생의 대전환기에 우리 외교안보 노선은 국익중심의 자주, 균형, 실용의 융합된 노선을 견지할 필요성이 있다.

앞에서 설명한 바와 같이 미국과 중국은 향후 주한미군 기지에 사드 배치 강화, 중단거리 미사일 배치, 반도체, 배터리와 같은 첨단기술 협력 등 상호 상충되는 다양한 사안에 있어 자국의 이해관계를 우리에게 강요할 가능성이 높아지고 있다. 선도국가의 위상과 품격에 맞는 장기적 외교안보 구상만이 아니라, 사안별, 시기별로 다양한 외교안보 현안에 대하여, 우리의 외교안보 구상에 일관성을 유지하면서, 동시에 자주적이며 균형적 그리고 특정국가를 적대국가로 돌리지 않는 실용적 해법을 찾아야 한다. 예를 들어, 첨단분야에서 우리의 경제구조는 미국의 원천 기술과 중국의 소재를 지속적으로 필요로 하는 글로벌 가치사슬에 묶여 있고, 더불어 소재 수입만이 아니라 완제품의 해외수출이 필요하기 때문이다.

이러한 첨단기술 경쟁-대립보다 더욱 심각한 사안은 분단 상태에서 미중 군사대결 국면과 결부된 사안이다. 2015년 박근혜 정부 시기 중국 측에 주한미군기지에 사드배치를 하지 않겠다는 약속을 하고, 미국과는 사드배치를 결정한 사례가 있다. 당시 국제회의에 참가하면, 중국 측은 물론 미국 측도 우리 학자들에게까지 집요하게 한국의 입장을 질문하였다. 중국에 활동하던 많은 우리의 기업이 중국정부의 제재로 인하여 도산하기도 하였다. 한미 사이에 대북 핵 억지력을 위한 결정이라는 발표를 뒤집고, 많은 수의 보수 정치인들은 대중 미사일 억지력이라는 박근혜 정부의 결정을 뒤집어 버리기도 하였다. 이러한 결정과 중국을 겨냥한 보수 정치인들의 발언 등이 과연 한반도가 평화로워지고, 대한민국의 안보가 튼튼해지는 데 기여하였는지 고민해볼 필요가 있다. 최근 국제회의에서 미국 측도 중국 측도 주한미군기지에 중단거리 미사일 배치, 쿼드 참여, 용산기지 반환, 주한미군 부담금 등을 질문하고 있다. 국내적으로 민감한 쟁점이기도 하지만, 미중 군사경쟁의 주요 쟁점이기도 하다.

현재 언론의 주목을 받고 있는 쿼드QUAD는 미국·일본·인도·호주 4개국이 참여하는 느슨한 안보대화 협의체를 의미하며, 현재 고정된 협약이나 국제기구는 아니다. 일부 언론은 한국 등이 이에 공식적으로 참여하여 쿼드 플러스QUAD+가 되어야 한다고 주장하고 있다. 그런데 4개국이 참여하는 핵심 협의체에 더하기(+)형태로 주변적으로 참여하는 것은 한국의 국격을 제대로 반영하지 못할 뿐 아니라, 쿼드가 고정된 협약이나 국제기구가 아닌 관계로 '가입'도 되지 않는 상황이다. 미국이라는 동맹, 일본이라는 역사문제를 둘러싼 대립관계, 호주, 인도와의 우호적 관계를 고려해 보면, 쿼드에서 다루는 의제에 따라서 사안별, 상황별로 협력하거나 혹은 옵서버 형태로 간접적으로 참여하는 것이 보다 적절해 보인다. 이미 우리 정부는 쿼드 국가들과 코로나19 대응 등 방역협력과 기후변화 등 생명안전 분야에 긴밀한 협력을 하고 있다. 그러나 중국과 러시아가 강력히 반발하며, 남북관계에 위기를 초래할 가능성을 높이는 군사협력은 현재 상황에서 동참하는 것이 국익에 부합하지도, 자주적 균형이라는 관점에도 부합하지 않는 상황이다.

한반도평화경제시대를 열기 위한 선도국가는 국가의 품격을 유지하면서도 사안별 상황에 따른 국익을 중심으로 자유롭고 열린 협력을 추구해야 한다. 냉전시기 우리는 빈곤국가로서 미국과의 동맹을 통한 편승외교로 발전의 기초를 마련하였다. 후발 국가는 선도국가의 모델을 따라 배우면 되는 효율적인 외교안보 전략을 선택했던 것이다. 문제는 이미 경제, 군사, 문화, 소프트파워, 가치 등 다양한 분야에서 선도국가로 성장한 한국에서 더 이상 따라할 모델이 존재하지 않는다는 것이다. 한국의 국력과 위상에 걸맞는 선택을 하는데 있어서, 강대국에 일방적인 강요를 당하거나 어떤 특정세력과 적대상황을 만들어서는 안 되는 고도의 균형점을 찾는 외교실천이 필요한 단계에 이른 것이다.

이러한 글로벌 대전환기 각자도생의 무한 경쟁 속에서 글로벌 선도국가를 지향하는 한국외교는 '국익 중심의 실용외교'를 확립해야 한다. 국익을 중심으로 하는 자주적 입장을 견지하면서도, 동시에 외교적 유연성을 발휘하여 공정한 글로벌 질서와 다양한 글로벌 행위자들과의 연대를 도모하는 실용외교를 전략적으로 펼쳐야 한다. 선도적 통상국가이며 대륙과 해양 사이의 분단국가라는 지정학적 요인에, 글로벌 선도국가라는 원칙과 품격, 그리고 국익중심의 자주적이며 균형적인 실용외교라는 외교실천이 조화를 이루어야 한다.

선택의 논리를
뛰어넘는
이재명의
실용외교
(출처: 이재명
후보 공식
youtube)

남북한 평화협력공동체 달성과 실용적 접근을 통한 한반도의 완전한 비핵화 추구

여현철

남북한 평화협력공동체 달성과
실용적 접근을 통한 한반도의 완전한 비핵화 추구

여현철

지난 7월 27일 모처럼 반가운 소식이 들렸다. 1953년 7월 27일 정전협정이 체결된 지 68주년이 되는 날 통신선이 복원된 것이다. 정부는 "남북 양 정상은 지난 4월부터 여러 차례 친서를 교환하면서 남북 간 관계 회복 문제로 소통해왔으며 이 과정에서 우선적으로 단절됐던 통신연락선을 복원하기로 합의했다"고 밝혔다. 1년 전 대북전단 살포를 이유로 북한이 일방적으로 차단했던 것과는 대조되는 양상이다. 북한도 "남북관계 개선과 발전에 긍정적 작용을 하게 될 것"이라고 평가했다. 남북연락사무소 폭파 등에 대한 언급이 없었던 점이 아쉬움으로 남지만 북한과 소통할 수 있는 채널이 재가동된 것은 희망적이라고 할 수 있다. 이러한 상황은 한반도 평화협력공동체의 성공적인 발전과 한반도의 완전한 비핵화를 위한 실용적 접근에 대한 논의의 필요성을 다시금 부각시키고 있다. 남북 관계가 북미관계와 동북아 정세 등의 영향으로 교착상태에 있지만, 한반도 안정과 번영을 위한 한반도 평화경제시대로의 진입을 위해 남북한 평화협력공동체의 달성은 필수불가결하기 때문이다.

남북한 평화협력공동체는 한반도의 완전한 비핵화를 위한 전제 조건

오늘날 한반도 분단체제는 단순히 남쪽과 북쪽의 영역에만 국한되어 있지 않다. 지금의 한반도는 북한의 핵위기(핵·미사일)와 강대국들의 이익이 충돌하고 있는 힘의 각축장이 되었다. 한반도 평화체제는 남과 북 어느 한쪽의 노력으로 이루어질 수 없다. 물론 남과 북 모두의 노력으로 합의한다고 되는 것도 아니다. 남북한의 평화협력공동체는 분단체제의 극복과 한반도를 둘러싼 강대국들 간의 이익과 맞닿아 있기 때문이다. 특히 남북한의 평화협력공동체는 한반도의 완전한 비핵화를 위한 전제 조건이기에 더없이 중요한 담론이라고 할 수 있다.

한반도의 완전한 비핵화를 위해서는 남북한의 평화협력공동체 논의가 선행되어야 한다. 남북한 평화협력공동체는 지속가능한 대북정책을 바탕으로 상생과 공존을 추구한다는 점에서 한반도 평화체제와는 구별된다. 외교부에 따르면 한반도 평화체제는 '남북한을 비롯한 관련국 상호간에 공식적으로 전쟁상태를 종식시킴으로써 법적·제도적 및 실질적으로 한반도에 공고한 평화가 보장되어 있는 결과로서의 상태'를 의미한다. 반면에 남북한 평화협력공동체는 남과 북이 직면하고 있는 당면한 과제로부터 출발하는 과정에 주목한다.

남북한 평화협력공동체는 남과 북의 상생과 공존을 지향한다는 점과 더불어 북한의 핵무기 보유라는 현실인식 차원에서도 중요성을 지니고 있다. 북한은 2016년 5월 제7차 당대회에서 '핵보유국'임을 선언하였다. 북한의 이러한 입장은 김일성, 김정일 시대와 대조적이다. 이제 북한의 핵개발 포기는 요원한 과제가 되었다. 오히려 북한의 지도자인 김정은은 "핵탄두를 임의의 순간에 쏠 수 있게 준비해야 한다"는 등 위협적인 발언을 마다하지 않고 있다. 북한의 핵 포기 가능성을 제로로 보는 것이 현실적일 것이다.

따라서 한반도의 비핵화를 위해서는 북한 핵문제에 대한 집착(하드 파워)에서 벗어나 남북한 평화협력공동체라는 느슨하고 지속가능한(소프트 파워) 차원에서의 접근이 필요하다. 북한 핵문제는 강력한 제재와 압박만으로는 해결할 수 없기 때문이다. 과거 북한의 핵문제 해결을 위해 미국과 유엔을 비롯한 국제사회의 대북 제재가 수십 년 동안 지속되어 왔다는 점은 주지周知의 사실이다. 하지만 북한은 바뀌지 않았다. 변화의 가능성마저 희박해 보인다. 지금이야말로 한반도를 동북아라는 거시적인 차원에서 미시적인 관점으로 남북 관계를 재설정해야 할 시점이 되었다.

북한 핵실험에 따른 유엔 안보리 결의안의 효용성에 대한 제고

'대량살상무기'(WMD: Weapons of Mass Destruction)에 속하는 핵무기는 재래식 무기와는 비교할 수 없을 정도의 살상력과 파괴력을 가지고 있다. 1945년 2차 세계대전 시기 일본의 히로시마와 나가사키에 약 16kt, 20kt의 원자폭탄이 투하되었다. 그 결과 두 개의 도시에서 150,000명에서 246,000명에 달하는 인명이 사망하였다. 그동안 북한은 6차례의 핵실험을 강행하였다. 북한은 핵실험을 통해 핵보유국임을 국제사회에 알렸다. 이제 북한의 핵무기 보유에 대한 진

위는 무의미한 논쟁이 되었다.

전문가들은 인구밀도가 높은 서울의 경우 동일한 핵무기가 사용될 경우 6~10배 정도로 많은 사상자가 발생할 것으로 추정하고 있다. 예상하는 바로는 15kt의 핵무기가 서울에 투하되어 지면에서 폭발할 경우 125만 명의 사상자가 발생할 것으로 예측되고 있다. 문제는 핵무기의 위험성이 이렇게 큼에도 불구하고 북한 핵문제의 해법이 없다는 것이다. 심지어 효과적인 대응 전략마저 보이지 않는다. 이러한 상황은 북한의 핵위협이 현실화 된 시점에서 북핵 위기관리 차원의 새로운 전략이 필요함을 보여준다.

과거 한반도의 비핵화 문제는 '북한의 비핵화'라는 보다 근원적인 관점에서 논의되어 왔다. 물리적으로 북한과 군사적 대치상태에 있는 한국의 입장에서 북한 핵문제 해결을 위해 취할 수 있는 선택지가 없었다. 그렇다보니 국제사회의 압력이라는 외부적인 요인에 의존할 수밖에 없었다. 그나마 유엔에서 발의되는 대북 제재 결의안과 미국의 독자적인 대북 제재가 북한을 압박할 수 있는 수단의 전부였다. 이 과정에서 한반도의 비핵화 문제로부터 당사자인 한국이 배제되는 경우가 많았다.

북한에 대한 유엔 안보리 결의안은 1993년 북한의 핵확산금지조약(NPT: Nuclear nonproliferation treaty) 탈퇴를 시작으로 2017년까지 십 여 차례 채택되었다. 북한의 핵실험과 미사일 발사 실험이 있을 때마다 유엔 결의안이 채택되었지만 그 효력에 대해서 의구심이 드는 것도 사실이다. 북한의 핵실험 횟수가 증가할 때마다 유엔은 강도 높은 대북제재를 결의해 왔지만 북한의 변화를 이끌어내지 못하고 있기 때문이다. 지금까지 유엔 결의안이 담고 있는 대북제재 내용을 살펴보면 제재의 수위와 그 범위가 확대되어 왔음을 알 수 있다. 유엔은 북한의 4차 핵실험을 기점으로 2016년 3월 2일 유엔 결의안 제2270호를 채택하였다. 유엔 결의안 제2270호는 유엔 안전 보장 이사회에서 상임 이사국 5개국과 비상임 이사국 10개국이 북한의 4차 핵실험과 장거리 미사일 발사에 대해 만장일치로 채택한 조치이다. 이 결의는 유엔 70년 역사상 가장 강력한 비군사적 조치로, 북한의 광물 및 원유 거래 제재, 무기 거래 전방위 봉쇄, 금융 제재 및 운송 봉쇄, 핵무기 자금 조달에 관여한 기관 및 개인의 해외 활동 제재 등이 포함됐다. 다음의 표는 북한의 핵·미사일 도발에 따른 유엔 안보리 결의안 대북제재의 주요 내용을 보여준다.

이처럼 북한의 핵개발과 미사일 발사에 대항하여 유엔과 국제사회는 강력한 규제와 대북제재로 응수하였다. 하지만 북한은 더 많은 미사일을 발사하였고, 더 강도 높은 핵실험으로 도발하였다. 그렇게 벌써 수년의 시간이 흘렀다. 1993년 NPT 탈퇴 이후 30여 년이 되어오지만 북한의 핵 보유 의지는 갈수록 선명해지고 있다. 이러한 상황은 북핵 문제 접근법의 근본적인 전환을 요구하고 있다. 지금까지의 경험으로 비추어 볼 때, 북한의 핵실험과 미사일 개발은 유엔과 국제사회의 압력과 제재만으로 해결되기 어려워 보인다. 국제사회와 유엔의 대북제재는 북한을 더욱 폐쇄적인 국가로 몰아갈 것이고, 북한의 입장에서는 체제 존속의 위기가 고조될수록 핵 무력에 대한 집착 또한 강해질 것이라는 반증이 성립하기 때문이다. 이제 대북제재와 압박만으로 북핵문제를 단기간에 해결할 수 있다는 환상에서 과감하

유엔 안보리 결의안 대북제재 주요 내용

북한 도발 내용	조항	채택 날짜	대북제재 주요 내용
1993.03.12.: NPT 탈퇴	825호	1993.05.11	NPT 탈퇴를 취소하고, IAEA 사찰 팀의 방북 허락 요구
2006.07.05.: 대포동 발사	1695호	2006.07.05	탄도미사일 기술을 사용한 모든 발사체의 사용을 금지
2006.10.09.: 1차 핵실험	1718호	2006.10.09	북한 핵 프로그램과 대량살상무기(WMD)를 완전하고, 검증가능하며, 되돌릴 수 없는 방식으로 포기(abandon): CVID
2009.05.25.: 2차 핵실험	1874호	2009.06.12	북한 무기 수출 금지
2012.12.12.: 은하3호 발사	2087호	2013.01.22	제825호(1993), 제1540호(2004), 제1695호(2006), 제1718호(2006), 제1874호(2009)
2013.02.12.: 3차 핵실험	2094호	2013.03.07	제825호(1993), 제1540호(2004), 제1695호(2006), 제1718호(2006), 제1874호(2009), 제2087호(2013)
2016.01.06.: 4차 핵실험	2270호	2016.03.02	북한의 광물 및 원유 거래 제재, 무기 거래 전방위 봉쇄, 금융 제재 및 운송 봉쇄, 핵무기 자금 조달에 관여한 기관 및 개인의 해외 활동 제재
2016.09.09.: 5차 핵실험	2321호	2016.11.30	1718호(2006년), 1874호(2009년), 2094호(2013년), 2270호(2016년)
2017.07.28.: ICBM 발사	2371호	2017.08.05	북한의 모든 석탄 수출 금지
2017.09.03.: 6차 핵실험	2375호	2017.09.11	북한에 대한 유류공급 30% 감축 등의 조치 및 대북 투자 및 합작사업을 원칙적으로 금지
2017.11.29.: 화성15호 발사	2397호	2018.03.22	유류 공급 제한 강화, 해외 파견 노동자의 24개월 이내 송환, 수출입 금지 품목의 확대, 해상 차단 조치의 강화, 개인 및 단체에 대한 제재대상 추가 지정

게 벗어나야 한다. 보다 실용적이고 현실적이어야만 북핵문제 해결의 실마리를 풀어나갈 수 있다. 남북한 평화협력공동체 추구라는 실용적이고 점진적인 접근법을 통해 북핵 위협을 관리하며 중장기적으로 한반도의 완전한 비핵화를 달성하는 현실적이고 지속가능한 대안이 요구되는 이유이다.

한반도평화경제시대란 무엇인가?

평화경제란 "갈등과 군사적 대립에 직면하던 국가들 간에 평화가 정착된 이후의 경제적 효용뿐만 아니라, 그 과도기간에 국가 간 갈등과 군사적 대립을 최소화하고 평화체제로 이행시키는 제반 경제적 노력과 정책 과정"으로 이해할 수 있다. 이 평화경제의 개념을 한반도에 적용시켜 보면, 북한의 비핵화 여부에 따라 평화체제를 건설하는 것이 아니라, 경제협력을 통한 비핵화 및 평화체제를 이룩하는 것으로 볼 수 있다. 이는 문재인 정부에서 구상하는 미래 대한민국의 비전과 일맥상통한 측면이 있다. 문재인 대통령은 2019년 3·1절 기념식의 기념사에서 "대한민국이 과거의 100년과는 질적으로 다른 미래의 100년을 한반도의 평화경제를 통해 주도해나갈 것"이라고 하면서 남북한은 물론 주변국과의 대화와 협력을 강조하였다. 따라서 한반도평화경제시대는 한반도를 중심으로 한국이 대륙과 해양을 잇는 지정학적 위치에 따라 평화경제를 통한 갈등과 대립을 종식시키고 경제협력공동체를 이룩하는 과정 혹은 그 이후의 시대로 설명할 수 있다.

이러한 구상은 유럽연합을 모델로 하고 있다. 19세기 격렬했던 유럽국가들 간의 갈등과 대립은 제2차 세계대전 이후에도 후유증으로 남아있었다. 그러나 1952년 프랑스 외무장관이던 슈망Robert Schuman이 유럽석탄철강공동체를 창설하자 전범국가인 서독과의 화해협력이 시작되었고, 이 화해협력은 경제적 차원을 넘어 유럽국가들의 정치적-군사적 차원의 문제까지 논의할 수 있는 기회의 창이 되어 유럽연합의 형성배경이 되었다. 유럽연합의 사례는 정치적-군사적 갈등이 경제협력을 통해 공동체를 형성하여 평화경제시대로의 전환이 가능하다는 것을 보여주는 모범적인 사례이다.

유럽연합 모델에 따라 문재인 대통령은 단계적으로 "한반도 종단철도의 완성 → 동아시아 철도공동체 실현 → 에너지와 경제공동체로의 발전 → 다자평화안보체제 확립 → 사람 중심의 평화와 번영의 공동체 수립"을 구체적으로 밝혔다. 이상의 단계를 잘 이해하고, 그 가능성을 기대에만 그치는 것이 아닌 현실화 시키게 된다면 "태평양과 유라시아의 연결이라는 인류 문명사적 의미"를 갖는 동시에 "상상하기 어려운 지각변동과 대전환"이 실현될 것이다. 현재 대한민국은 성장동력의 침체, 저출산과 고령화, 미·중 전략적 경쟁, 북핵 문제 등 복잡하고 어려운 문제들에 직면해 있다. 그러나 한반도평화경제의 실현인 통일경제특구를 상징하는 접경지역 경제벨트, 태평양과 유라시아를 연결하는 교통의 요지인 환서해권·환동해권 경제벨트는 현재 대한민국에 새로운 기회로 작용하여 앞으로의 100년을 주도할 수 있는 역량을 발휘할 수 있게 할 것이다. 한반도평화경제는 우리의 일상적인 평화까지 위협하고 있는 북한의 호전성을 억제하고, 주변 국

3대 경제벨트와 한반도

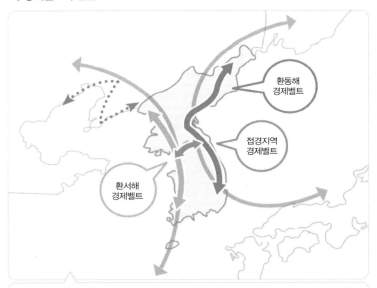

3대 경제벨트란?
- 환동해권: 원산 · 함흥, 단천, 나선, 러시아를 연결하는 에너지 · 자원벨트
- 환서해권: 수도권, 개성 · 해주, 평양 · 남포, 신의주, 중국을 연결하는 교통 · 물류 · 산업벨트
- 접경지역: DMZ 생태평화안보관광지구, 통일경제특구를 연결하는 환경 · 관광벨트

출처: 통일부

가들의 갈등을 협력으로 전환시키며 상생과 협력을 추구하고 사람
중심의 평화와 번영의 공동체를 수립한다는 점에서 의의가 있다. 또
한 우리가 흔히 이야기하는 분단 비용을 상쇄시키는 막대한 통일편
익을 통일 이전에 실현할 수 있는 매우 큰 장점이 있다.

남북평화공동체 달성과 한반도평화경제시대, 그리고 글로벌 선도국가로의 도약

　고대 로마의 군사 전략가인 베게티우스는 "평화를 원하거든 전쟁을 준비하라"는 명언을 남겼다. 이는 힘의 우위에 따른 평화를 주장하는 근거가 되고, 국력을 증강시키기 위한 국가의 필연적인 운명으로 받아들여졌다. 그리고 국가를 중심으로 한 안보개념과 직접적으로 관련이 있는 명제이기도 하다. 그러나 탈냉전 이후 '안보'개념의 확대는 '평화'개념의 확대로 이어졌다. 최근 코로나19 팬데믹이 보여준 세계적인 위기는 전쟁만이 평화를 위협하는 것이 아니라는 것을 입증한다. 전통적 안보의 강조에서 현재는 '인간안보'와 같은 비전통적인 안보 개념이 더욱 중요해 지고 있다. 이러한 지구촌 모두의 생명을 위협하는 문제들에 대해서는 전 지구적인 차원에서 대책 마련과 해결책을 강구해야 할 것이다.

　현재 남북한은 코로나19에 직면하고 있는 동시에 지속적인 대화와 협력을 모색하고 있다. 이러한 노력의 궁극적인 목적은 남북한이 전쟁을 방지하고 남북한 구성원 모두의 생명을 보호하는 것이다. 따라서 남북한이 가야할 길은 "평화공동체"임이 보다 분명해 졌다. 남북평화공동체는 항구적인 평화와 안정적인 통합을 위한 과정이자 상태로 설명할 수 있는데, 앞서 언급한 평화경제를 보장하는 거버넌스 혹은 제도적 합의 등의 기틀을 마련하여 그 역할을 함께 담당해야만 한다.

　남북평화공동체 달성은 평화경제를 실현시키기 위해 필요한 매우 중요한 과제이다. 남북한은 상대적으로 다른 양상의 평화를 주장하고 있다. 북한은 전쟁을 억제하기 위해 핵무장을 정당화하는 논리를 펼치고 있으며, 힘의 우위를 바탕으로 평화를 담보한다고 주장하고 있다. 그러나 강력한 대북제재와 함께 코로나19, 자연재해 등으로 북한 주민들의 삶은 더욱 어려워지고 있는 실정이다. 방어와 공격의 수단인 핵무기는 북한의 입장에서 득보다는 실이 더 많다고 볼 수 있다.

한편, 북한이 핵을 보유하는 것이 북한의 체제와 안보를 더욱 위태롭게 한다는 것을 깨닫게 하기 위해 실행한 대북제재는 큰 실효성을 발휘하지 못했다. 트럼프 행정부와 같이 계속해서 제재의 강도를 높인다면 북한은 1990년대와 같은 상황을 맞이할 가능성이 높으며, 결국 그 고통은 북한 주민들에게 돌아가기 때문에 섣부르게 제재만 주장해서는 안 될 것이다. 마침 바이든 행정부는 외교적인 방법으로, 그리고 단계적으로 해결책을 모색하는 청사진을 제시하고 있다. 이러한 상황에서 한미동맹은 단계적이고 실현가능한 북핵 축소 및 폐기로 이어지는 프로그램을 이행시켜야 할 것이다. 이러한 노력의 일환으로 북한이 핵을 보유할 명분이 없도록 평화를 공유하는 것이 더욱 현명한 방법일 것이다.

남북한은 1972년 7·4 남북공동성명을 시작으로 2018년 판문점선언에 이르기까지 평화적인 방법으로 통일을 이룩하기 위한 합의를 여러 차례 모색해왔다. 남북한의 국내정치적 요인에 의해서 대화가 단절된 사례가 있었으며, 한반도 주변정세의 영향으로 대화가 단절된 사례도 많았다. 따라서 기존의 경험을 교훈삼아 새로운 방법론을 강구해야 한다. 새롭게 구축되는 남북평화공동체는 한반도라는 지리적 공간을 벗어나 동북아 지역의 평화중심지가 되어야 할 것이다. 한반도평화경제의 편익은 남북한 뿐만 아니라 주변국들에게도 긍정적인 영향력을 발휘하며, 따라서 남북평화공동체는 주변국들과의 평화협력이 내용적·구조적으로 연계되어야 하기 때문이다. 이 방안이 바로 평화번영의 플랫폼이라고 할 수 있는 '동북아 플러스 책임공동체'이다.

동북아 플러스 책임공동체는 한반도를 중심으로 주변 지역의 국가들이 평화와 번영을 위해 함께 책임을 다하는 공동체를 뜻한다. 획기적인 것은 국가 중심의 담론이 아니라 '사람 중심의 담론'으로 사람공동체, 번영공동체, 평화공동체를 지향한다는 점이다. 그리고 이 공동체 틀에서 평화경제와 평화협력을 증진시키고 관련국들이 책임지도록 하는 것은 관련국 모두의 편익을 위한 것이다. 이는 한국이 제시한 다자협력체제를 통해 한반도의 갈등과 긴장을 안정과 번영의 정세로 전환시키려는 구상이다.

최근 한반도 주변정세는 다시금 긴장상태로 진입했다. 상생과 협력이 절실한 시기에도 불구하고 한반도는 강대국들 간의 전략경쟁과 동맹외교의 중심에 놓여져 있다. 중국 중심의 세계질서를 구상하는 시진핑 주석과 중국의 부상을 저지하여 자국의 우위를 유지하려는 미국의 압박정책, 미국의 견제에 대응하기 위한 중국과 러시아의 군사협력 강화 등은 선택을 강요받는 한반도의 현실을 여실히 보여준다. 이러한 동북아의 정세를 자세히 들여다보면 주변국들의 이해관계를 충족시키는 것이 아니라 손실로 치닫고 있음을 알 수 있다. 따라서 앞으로의 국익은 인간과 평화에 초점을 맞추어야 할 것이며, 이를

이재명 경기지사는 '대전환 시대의 통일외교 구상' 발표문에서 한반도 평화경제체제 수립으로 실용적 남북상생 추구를 천명한 바 있다(출처: 이재명 경기도지사 블로그).

위해 상생을 위한 협력을 추구해야 할 것이다. 평화공동체를 실현하기 위해서 현재 우리에게 필요한 것은 평화에 대한 확고한 신념과 추진력 있는 리더십이다. 이러한 리더십은 국민으로부터 위임받은 정치지도자가 발휘할 것으로 기대된다. 결론적으로 남북평화공동체 실현은 동북아 플러스 책임공동체 구상에 따라 평화와 협력의 범위를 확대시키고 지속가능한 평화경제 구현을 통해 새로운 번영을 맞이하도록 이끌어줄 것이다. 그렇게 될 때 선택을 강요받는 기로에 서 있는 것이 아닌, 우리가 주도적으로 선택할 수 있는 방향으로 나아갈 수 있을 것이다.

그렇다면 남북평화공동체 달성이 궁극적으로 어떻게 우리가 글로벌 선도국가로 발돋움하는 데 기여할 것인가? 첫째, 협력을 강화함으로써 경제의존성을 높이며 국가들 간의 갈등구조를 해소할 수 있는 중재자의 역할을 담당할 수 있다. 남북이 평화공동체의 기틀을 마련하는 것만으로도 한국이 평화에 대한 발언권은 국제사회에서 공신력과 권위를 가질 수 있다. 둘째, 한반도를 지정학적으로 위태로운 '비극'으로부터 지정학적 중심지인 '기회'의 땅으로 탈바꿈시킬 수 있다. 이로 인해, 내륙과 해상을 잇는 중국의 일대일로 구상, 항행의 자유를 추구하는 미국의 인도-태평양 전략과 연계하여 지정학적 위치에 따른 영향력을 발휘할 수 있다. 셋째, 한반도의 위협요소가 제거됨에 따라 '코리아 디스카운트'가 아닌 '코리아 프리미엄'으로 전환되어 해외투자가 크게 증가할 것이다.

마지막으로 남북평화공동체는 한반도의 번영과 희망으로 가는 나침반으로서 그 기능을 담당할 것이다. 한국의 우수한 2030 인재들이 분단의 장벽을 넘어 유라시아와 태평양으로 진출한다면 취업난을 감소시키는데 기여할 뿐 아니라 한국 인재들의 우수성을 통해 글로벌 코리아의 위상을 제고시킬 수 있을 것이다. 또한 평화개념의 확대, 평화경제 및 평화공동체 추진 등은 우리가 통일 이전에 실질적인 통일편익을 체험할 수 있게 해 줄 것이다. 즉 평화경제와 남북평화공동체는 통일 이전에 통일한국이 우리에게 어떠한 이익 및 혜택을 제공해 줄 수 있는가를 느끼게 해줌으로써 통일한국으로 전진하는 힘찬 발걸음의 동력이 되어줄 것이다.

시민사회, 국제사회와의 트라이앵글 접근법을 통한 대북정책의 행위자 확대

이상에서 논의한 것처럼 한반도의 완전한 비핵화, 평화경제와 남북평화공동체의 실현은 짧은 시간 안에 해결될 수 있는 문제가 아니다. 또한 현실적으로 실현 가능한 구상, 그리고 확실한 평화프로그램을 인식하고 있는 지도자와 정책 결정자들이 진정성을 가지고 일관되게 진행시켜야 한다.

그럼 이러한 장대한 여정을 어디에서부터 재개해야 하는가? 북핵문제를 실용적이고 현실적으로 해결하기 위해 지속적인 소통을 통한 남북 간 신뢰 구축이라는 작은 것으로부터의 변화가 선행되어야 할 것이다. 남과 북의 지속적인 소통과 협력을 위해서는 시민사회와 국제사회의 기능 및 역할의 다변화가 필요하다. 즉, 대북정책의 행위자 확대를 통해 중앙 정부 중심의 남북 대화 및 교류에서 탈피하여 시민사회 중심으로 북한과 교류하고 협력할 수 있는 방안을 모색해야 한다. 더 나아가 국제사회와의 연대를 강화하여 남북한 평화협력공동체 모델을 구축하여야 한다.

이를 위해 남북한 평화협력체제 구축을 위한 협력 활성화 방향을 구체적으로 제시하는 것이 필요하다. 첫째, 남북한 경제 협력 환경을 미래지향적으로 변화시켜야 한다. 반목하고 갈등했던, 그래서 대립과 충돌, 비난이 난무했던 과거에서 벗어나 남북한 상생과 공존을 위해 한발 먼저 다가가야 한다. 둘째, 남북한 신뢰 회복을 위한 다양한 방안을 제시해야 한다. 국민들이 분개하는 개성공단 연락사무소 폭파와 같은 북한의 무책임한 행위에 대해서는 원칙대로 사과를 요구하되 신성장 동력의 창출을 위한 공동의 노력을 지속하는 등 남북 간 산업협력은 계속되어야 할 것이다. 셋째, 남북 협력의 무게 중심을 정부 주도에서 시민사회 중심으로 옮겨야 한다. 특히 국제사회와의 협력과 연대를 강화하여 대북 정책의 행위자를 다변화하는 것이 필요하다.

현재 전 세계를 강타하고 있는 코로나19 팬데믹 사태로 인해 각 나라들이 국경의 문턱을 높이고 있다. 북한도 예외가 아니다. 북한 경제는 중국 의존도가 매우 높다. 코로나19로 인한 중국과의 무역 거래 축소로 인해 북한 경제는 심각한 어려움을 겪고 있다. 여기에 장기간에 걸친 대북제재와 대규모 홍수 등 자연재해의 발생은 북한 경제의 어려움을 배가시키고 있다. 이러한 위기 속에서 남과 북이 서로 상생하고 공존할 수 있는 방안을 모색하는 것이 중요하다. 특히 인도적 차원에서 코로나19 백신이나 검사 키트와 같은 의료 장비들, 그리고 영유아를 지원하는 보건 의료 물품 등을 지원하는 것은 미래 통일비용을 줄이는 것뿐만 아니라, 통일 이후의 통합을 위한 기반을 마련하는 데 기여할 것이다.

이재명표
실용적 통일외교
구상 발표,
구체적으로
어떻게?
(출처: 최종윤
채널 youtube)

새로운 남북 관계의 물꼬를 틀 수 있는 계기는 전 국민의 통일역량 결집과 혜안慧眼을 갖춘 지도자의 통찰력을 통해 본격화될 수 있을 것이다. 한반도의 안정과 번영을 위한 한반도 평화경제시대로의 진입을 목표로 남북한 평화협력공동체의 성공적인 발전을 위한 노력을 지속해 나가야 할 것이다.

튼튼한 군사동맹을 토대로
호혜적인 한미관계 구현

유영민

튼튼한 군사동맹을 토대로 호혜적인 한미관계 구현

유영민

한미관계가 변하고 있다. 지난 5월 21일 발표된 한·미 정상회담 공동성명은 기존의 한반도 안보 중심의 동맹체제에서 글로벌 평화와 번영의 핵심축linchpin으로 진화하는 한미동맹의 미래 모습을 제시하였다는 평가를 받고 있다. 신장된 국력을 바탕으로 우리의 국제적 역량이 한반도를 넘어 세계로 확대됨에 따라 지난 70년간 모범 동맹으로서 한미 양국이 이룩한 성과를 토대로 포스트코로나 시대 한미관계가 나아가야 할 방향을 보여준 것이라 하겠다. 구체적으로 한반도 안보와 관련하여, 한반도의 완전한 비핵화와 항구적 평화정착을 대북정책의 최종 목표로 삼고 한미 양국이 외교를 통해 지속적으로 관여해 나갈 것임을 확인하였다. 한미 협력과 관련해서는 협력의 공간이 한반도에만 머무르지 않고 동남아·중미, 사이버·우주로까지 확대되었으며, 협력의 이슈도 안보 및 경제 협력, 글로벌 도전 과제 대응을 위한 공조 강화 등 다양한 영역으로 확대되었다.

이와 같은 한미관계의 진화는 한미 양국이 지니고 있는 대내외적 조건, 역량, 환경 등의 상호작용에 의해 양국 관계가 끊임없이 변화하고 있음을 상징적으로 보여준다. 현재 대한민국은 민주주의 정치 발전과 경제 및 첨단기술 역량 등을 토대로 글로벌 선도국가로 도약하는 전환기를 맞이하고 있다. 대한민국의 도약을 뒷받침하기 위해 튼튼한 군사동맹을 토대로 한반도 안보 상황을 안정적으로 관리하는 동시에 한미 양국 간 상호 신뢰와 존중을 토대로 보다 대등하고 호혜적인 한미관계를 구현해 나가는 것이 요구되는 시점이다.

한반도 안보상황의 안정적 관리 및 한미동맹 운용의 자율성 증대

한국의 핵심적인 안보 이익은 한반도 안보 상황을 안정적으로 관리하고 한반도 주변지역에서 우호적인 안보 환경을 유지하는 것이다. 북한의 도발을 억제하고 주변지역에서 안정을 유지하기 위한 노력의 중심에 한미동맹이 위치하고 있다. 1953년 한미상호방위조약의 체결을 통해 '군사동맹'으로 시작된 한미동맹은 2008년 '포괄적 전략동맹'으로 변환되었다. 이에 따라 한미동맹이 다루는 이슈가 군사·안보 분야뿐 아니라 경제·사회·과학기술·에너지 등 포괄적 분야에서의 협력으로 확대되었으며, 한미동맹의 범위 또한 확대되어 한반도 차원의 문제뿐 아니라 지역·범세계적 차원의 문제와 관련된 양국 간 협력이 강화되고 있다.

한국의 가장 중요한 안보이익은 한반도의 안보 상황을 안정적으로 관리하여 우리 국민의 생명과 재산을 보호하는 것이다. 지난 70년간 한미동맹은 북한의 안보위협 속에서 한반도 평화와 안정을 유지하는 핵심 기제로 작동해 왔다. 한미동맹이 우리의 신장된 국력과 변화하는 국제 환경을 반영하여 포괄적 전략동맹으로 진화하고 있지만, 한미동맹의 가장 큰 역할은 여전히 견고한 군사동맹으로서 한반도 방위태세를 철통같이 유지하는 것이다. 지난 5월 21일 발표된 한미정상회담 공동성명에서 확장억제를 포함하여 미국의 대한大韓 방위공약을 재확인하는 내용이 우선적으로 강조된 이유가 바로 여기에 있다. 한국의 근본적인 안보이익을 지키기 위한 한미동맹의 역할은 앞으로도 최우선시 되어야 할 것이다.

한편 한국의 신장된 국력과 변화하는 국제환경은 한국의 적극적인 기여와 역할을 통해 한미동맹 운용의 자율성 증대 및 능동적이고 미래지향적인 한미동맹의 모습을 요구하고 있다. 경제적 차원에서 한국은 OECD에 가입한 1996년 이후 선진국으로 분류되어 왔으며, 2020년 한국의 명목 GDP는 1조 6,240억 달러를 기록하여 세계 9위를 차지하였다. 이와 더불어 군사적 차원에서 한국은 핵무기를 제외한 재래식 전력에서 세계 6위의 군사강국으로 평가받고 있다. 또한 2020년 한국의 국방비는 404억 달러로 세계 10위를 차지했을 뿐 아니라 2019년 한국의 방위산업 수출비는 31억 달러로 세계 8위의 방산 수출국으로 부상하였다.

한국의 국력 증대와 더불어 급변하고 있는 국제환경은 한미동맹 운용의 자율성 증대 필요성을 부각시키고 있다. 현재 글로벌 안보지형은 4차 산업혁명의 도래, 코로나19 팬데믹, 기후변화·사이버안보 등 비非군사 안보위협의 급증에 의해 다자주의에 입각한 지역적·국제적 협력보다는 각자도생이라는 생존논리의 원칙이 중시되고 지정학적 안보 경쟁 심화 가능성이 높아져 국제정세 전반이 불확실하고 유동적인 양상을 보이고 있다. 무엇보다 과거처럼 주요 강대국이 지역적·국제적 정세를 관리하면서 국제질서를 안정적으로 유지해 나가는 리더십을 발휘하기 어려운 상황이 도래하면서 개별 국가들의 안보 자율성 확대 필요성이 부각되고 있다. 특히 미·중 전략적 경쟁이 심화됨에 따라 양국의 핵심 이익이 중첩되는 아시아·태평양 지역에서 지정학적 안보경쟁이 격화되고 있으며, 이에 따라 동북아의 중심 지역에 위치한 한반도를 둘러싸고 전개되는 두 강대국 사이의 경쟁도 심화되고 있다.

각자도생의 생존논리와 이익경쟁이 심화되는 국제정세 변화에 대응하여 우리의 안보이익을 지키기 위해 '국익 중심의 실용외교'를 확립하는 것이 필요하다. 국익 중심의 실용외교가 추구하는 목표는 불확실하고 불안정한 국제 환경에 대응하여 우리의 국익을 중심으로 외교적 유연성 발휘 및 실용적 접근을 통해 한반도 평화번영과 지역협력, 국제연대를 도모하여 우리의 운명을 능동적이고 적극적으로 개척해 나가는 것이다. 즉 국익 중심의 실용외교는 한반도 평화번영 달성 및 글로벌 선도국가로의 자리매김을 위해 어떠한 이념이나 진영의 논리에 따른 편 가르기를 단호히 거부하고 보편적인 협력 원칙을 토대로 유연하고 실용적인 외교를 추진할 것임을 분명히 하는 것이다.

한국의 근본적인 안보 이익이 한반도 평화와 안정을 유지하여 우리 국민의 안전과 번영을 추구하는 것임을 고려할 때, 한미동맹 운용의 자율성을 증대시켜 한국의 안보 주권을 공고히 하는 것은 국익 중심 실용외교의 토대를 형성하는 중요한 과제라고 할 수 있다. 한국의 적극적인 기여와 역할을 통해 한미동맹 운용의 자율성을 증대시키는 구체적인 방안으로 합리적인 방위비 분담금 증액 및 전시작전통제권의 조속한 전환을 들 수 있다. 방위비 분담금 증액과 관련하여, 한국의 경제력 증대를 토대로 한미 양국이 1991년 제1차 방위비 분담 특별협정(SMA: Special Measures Agreement)을 맺은 이후 주한미군 주둔 비용의 상당 부분을 한국이 부담해 오고 있다. 한국의 분담 비용은 1995년 약 3억 달러에서 2015년 8억 4,700만 달러로, 2019년에는 9억 2,500만 달러로 늘어났다. 또한 한국은 토지와 시설 무상 공여, 각종 세금 및 공공요금 감면 등을 통해 주한미군의 주둔 비용을 분담하고 있을 뿐 아니라 평택기지 이전 비용(108억 달러)의 92%를 부담했다.

전임 트럼프 대통령의 과도한 방위비 분담 요구로 인해 방위비 분담금 증액 문제는 동맹 관리의 불안 요인으로 부각되기도 했으나, 동맹과의 신뢰회복을 천명한 바이든 행정부의 출범과 더불어 미국 측의 과도한 방위비 분담 요구는 누그러질 것으로 기대되었다. 실제로 바이든 행정부 출범 직후인 2021년 3월에 제11차 한미 방위비 분담 특별협정SMA이 최종 타결됨으로써 약 1년 3개월간 이어져 온 협정 공백이 해소되었다. 바이든 행정부 출범 이후 한미 양국이 주요 동맹 현안을 조기에 원만하게 해결함으로써 한미동맹의 견고함을 과시한 것으로 평가받았다.

한편 동 협상에서 방위비 분담금 증액 기준으로 우리의 국방비 증가율을 적용하기로 합의하였으며, 이에 따라 우리의 비용 부담이 증가할 것으로 예상된다. 예를 들어 2022년 방위비 분담금은 전년도에 비해 5.4%가 증가될 것으로 예상되는데, 이는 2021년 국방비 증가율 5.4%가 2022년 방위비 분담금 증가율로 적용되기 때문이다. 이러한 증액 기준은 바이든 행정부의 전신이라고 할 수 있는 오바마 행정부 당시 4% 상한선을 정하고 매년 물가상승률을 감안해 방위비 분담금을 인상하도록 합의했던 것을 고려할 때 우리가 비용 분담에 있어 보다 적극적인 기여를 하게 되었음을 의미한다. 이러한 결정은 국제무대에서의 미국의 상대적 지위 하락을 만회하고 경제적 부담을 줄이기 위해 동맹국들에게 역할 증대와 비용 분담 증액을 요구하는 미국의 입장이 반영된 것이라 하겠으며, 이러한 미국의 입장은 바이든 행정부 이후에도 지속될 것으로 예상된다.

한미동맹 운용의 자율성 증대를 위해 우리의 적극적인 기여와 역할이 필수적이라는 점을 고려할 때, 합당한 기준에 근거하여 동맹 운용에 필요한 비용을 분담하는 것은 능동적이고 미래지향적인 동맹관계 구축을 위한 토대를 형성하는 것이라 하겠다. 향후 우리 정부는 우리의 재정수준을 합리적으로 고려하고 국민 누구나 명확하게 확인이 가능한 기준에 근거하여 동맹 운용에 필요한 비용을 적극적으로 분담함으로써 보다 대등하고 호혜적인 동맹관계를 확립하기 위한 토대를 유지해 나가야 할 것이다.

전시작전통제권Wartime Operational Control 전환 문제는 한국동맹 운용의 자율성 증대 및 한국의 안보 주권을 공고히 하는 데 중요한 의미를 지니고 있다. 전시작전통제권은 전쟁 발발 시 한국군의 작전을 지휘하고 통제할 수 있는 권한을 의미한다. 2017년 6월 한미 정상이 '조건에 기초한 한국군으로의 전시작전통제권 전환'을 조속히 하기 위한 협력을 지속하기로 합의한 이래 양국은 2018년 10월 제50차 한미안보협의회(SCM: Security Consultative Meeting)를 개최하여 전시작전통제권 전환에 필요한 조건 충족 여부를 평가하기 위한 노력을 지속하기로 합의하였다. 특히 전시작전통제권 전환 이후에도 현재의 한미 연합체제를 유지하는 가운데, 한국군이 연합군 사령관의 임무를 맡고, 주한미군의 주둔 및 유엔군 사령부의 유지, 한국에 대한 미국의 확장억제 보장을 지속적으로 유지한다는 것에 합의했다

전시작전통제권 전환을 위한 세 가지 조건은 '한미 연합방위를 주도할 수 있는 한국군의 핵심 군사능력 확보, 북한의 핵·미사일 위협에 대한 한국군의 초기 필수 대응능력 구비, 전시작전통제권 전환에 부합하는 한반도 및 지역 안보환경'이다. 그중 첫 번째 조건인 한국군의 핵심 군사능력 확보와 관련하여, 1단계에서는 기본운용능력IOC 검증, 2단계에서는 완전운용능력FOC 검증, 3단계에서는 완전임무수행능력FMC 검증을 요구하고 있다. 1단계IOC 검증은 2019년 한미 양국이 공동으로 승인하였으나, 2020년 코로나19 팬데믹의 도래로 인해 2단계FOC 검증을 아직 완료하지 못하고 있다.

문재인 정부의 전시작전통제권 조기 전환에 대한 강한 의지에도 불구하고 코로나19 팬데믹이 지속되고 미국이 한국군 능력의 3단계 검증과 더불어 전시작전통제권 전환을 위한 세 가지 조건이 충족되어야 한다는 입장을 고수하고 있어 현 정부 임기 내 전시작전통제권 전환은 불투명해진 상황이다. 이러한 상황은 전시작전통제권 전환의 조건과 검증 방식에 대한 근본적인 점검 및 대안 마련을 요구하고 있다. 무엇보다 전시작전통제권 전환의 조건과 검증 방식이 지나치게 까다롭고 과도하게 설정되어 있기 때문이다. 전시작전통제권 전환을 위한 세 가지 조건 중 '한미 연합방위를 주도할 수 있는 한국군의 핵

심 군사능력 확보 및 북한의 핵·미사일 위협에 대한 한국군의 초기 필수 대응능력 구비'는 작전, 군수, 정보 등 분야별로 한국군에 요구되는 핵심군사능력과 북한 핵미사일 대응 능력을 200여 개 이상 세부 과제로 요구하고 있다. 그러나 현재의 전시작전통제권 전환 방식과 내용을 고려해 볼 때 전시작전통제권 전환으로 즉각적으로 변경되는 것은 연합사령관과 부사령관의 국적이라 하겠다. 즉 한국군 장성이 미래연합사령관의 임무를 맡고 미군 장성이 부사령관의 임무를 담당하게 되는 것이 주된 변화이며 기존의 한미 연합체제 및 연합방위태세 등은 전시작전통제권 전환 이후에도 변함없이 유지되는 것이다. 그렇다면 한국군 전체의 물리적 능력이 전시작전통제권 전환을 위한 평가의 기준이 되는 것은 과도하다고 할 수 있으며, 따라서 한국군 장성이 사령관으로서 연합작전을 지휘할 수 있는가를 검증하는 지휘능력 평가가 전환 조건의 핵심이 되는 것이 타당하다고 하겠다. 또한 전시작전통제권 전환을 위한 세 가지 조건들 중 하나인 '전시작전통제권 전환에 부합하는 한반도 및 지역 안보환경' 또한 지나치게 추상적이고 포괄적이며 한국군의 통제 범위를 벗어난다는 점에서 과도한 조건이라 하겠다.

이러한 점들을 종합해볼 때, 한국군이 추진하고 있는 핵심군사능력 확보는 차질 없이 진행하되 한미 연합체제를 유지한다는 현재 계획에 보다 적합하도록 전시작전통제권 전환의 조건과 검증 방식을 재정립하는 것이 필요해 보인다. 구체적으로 전시작전통제권 전환 조건에 해당하는 과제목록을 핵심 위주로 재정비하고 조건 충족 여부를 어떤 방식으로 판단할 것인지 기준을 정립하는 것이 필요하다.

또한 미래연합사령부 운용능력 검증과 관련해서도 한국군 연합사령관 체제 출범에 필수적인 과제로 축소하고 합격 기준도 완화하는 등 지나치게 엄격한 전제조건을 부과하는 것을 지양하는 것이 필요해 보인다.

상호 신뢰와 존중을 토대로 호혜적인 한미 간 협력 확대

국익 중심의 실용외교는 미·중 전략적 경쟁을 중심으로 불확실하고 불안정하게 전개되는 국제 환경에 대응하여 유연하고 실용적인 접근을 통해 지역협력 및 국제연대를 도모하여 글로벌 선도국가로서의 대한민국의 위상을 확립하고자 한다. 미·중 전략적 경쟁은 2010년경부터 부각되기 시작하였으며, 양국 간 전략적 경쟁의 증대는 세력균형의 변화와 연계된 불가역적인 추세라고 할 수 있다. 미국과 중국의 경제력 격차는 2000년 8.5 : 1에서 2019년 1.5 : 1로 빠르게 축소되었으며, 중국은 군사력 현대화를 통해 정밀타격 능력과 공중 전력 등에 있어서 미국과의 격차를 줄이고 있다. 국력이 급격히 커지면서 중국은 자신의 이익을 보다 강하게 주장하고 영향력을 확대하고자 하는 모습을 보이고 있는 한편 아시아에서의 패권국가 등장 방지를 핵심적인 역내 전략 목표로 추구하는 미국은 중국의 부상과 패권추구 견제에 우선순위를 부여하고 있다. 이러한 미·중 간 세력균형 변화 추세에 변동이 없는 한 바이든 행정부에서도 미·중 전략적 경쟁은 지속될 것으로 보인다.

바이든 행정부는 중국을 미국의 안보 및 규칙 기반의 국제질서를 위협할 수 있는 유일한 전략적 경쟁자로 규정하고 중국과 치열하게 경쟁할 것임을 분명히 하였다. 그러나 바이든 행정부는 '협력적 경쟁 cooperative rivalry'을 통해 미·중 관계를 보다 효과적으로 관리해 나갈 것으로 예상된다. 만약 전임 트럼프 행정부에서 군사·안보, 경제, 기술, 이념 등 거의 전 영역으로 확대되었던 미·중 갈등이 장기적으로 지속될 경우 양국 모두 돌이킬 수 없는 피해를 입을 것이기 때문이다. 또한 바이든 행정부가 임기 초반 코로나19, 경제회복, 사회 통합 등 산적한 국내문제 해결에 국력을 집중해야 하는 상황은 미·중 관계와 관련하여 실용적이고 결과지향적인 외교를 추구할 필요성에 무게를 실어준다. 따라서 바이든 행정부 하 미·중 경쟁은 양국 간 격차가 빠르게 감소하고 있는 첨단 기술 및 전략산업 분야를 중심으로 전개되는 한편 미국이 상대적 우위를 유지하고 있는 군사·안보 등의 분야에서는 중국과 직접적인 군사적 충돌을 자제하고 세력균형을 유지하려는 모습을 보여줄 것으로 예상된다. 한편 미·중 양국은 기후변화, 코로나19, 비확산 등 국제적 협력이 요구되는 분야에서는 대화와 협력을 모색할 것으로 보인다.

첨단 기술 및 전략산업 분야에서 대對중국 우위를 유지하기 위해 바이든 행정부는 민주 동맹 및 파트너와의 협력을 통해 중국에 대응하고자 하고 있다. 구체적으로 바이든 행정부의 인도–태평양 조정관 Indo-Pacific Coordinator인 커드 캠벨Kurt Campbell이 언급한 것처럼, 미국은 중국의 부상에 대응하기 위한 하나의 포괄적인 협의체를 만들기 보다는, 기술 관련 문제를 위한 'Democracy-10'(G-7 국가들, 한국, 베트남, 뉴질랜드) 등과 같은 개별적인 문제에 대응하기 위한 사안별 맞춤

형 협의체 구성을 선호할 것으로 보인다. 이러한 사안별 협의체 구성은 무역, 기술, 공급망, 국제 표준 등의 분야에 우선순위가 부여될 것으로 예상된다.

바이든 행정부는 대중對中 견제를 위한 미국의 움직임에 역내 핵심 동맹인 한국이 적극적으로 참여해 줄 것을 기대하고 있다. 동맹과의 신뢰 회복을 천명한 바이든 행정부는 자국의 이익을 위해 동맹국을 난처하게 하는 정책을 일방적으로 강요하기 보다는 각각의 동맹국이 실질적으로 기여할 수 있는 최대치를 얻어내는 데 주력할 것으로 예상된다. 따라서 첨단기술 및 제조 역량을 보유하고 있으며 미·중 사이에서 전략적 균형을 유지하려는 한국의 입장과 동맹의 결집을 통해 첨단기술 및 전략산업 분야에서 대對중국 우위를 유지하고자 하는 미국의 입장이 교차되는 접점을 찾아 상호 이익을 추구하는 방향으로 한미 간 협력이 우선적으로 확대될 가능성이 높아 보인다.

지난 5월 21일 발표된 한·미 정상회담 공동성명은 지역 및 글로벌 차원에서 한미 양국의 협력 방향에 대한 이정표를 제시해 주었다. 구체적으로 한미 양국은 제조업 분야 핵심역량 강화 및 첨단기술 분야 미래 성장 동력 확보 등을 중심으로 한 경제 협력 증대와 더불어 백신 파트너십 강화 및 기후 변화 대응 등 글로벌 도전 과제 대응을 위한 공조 강화에 합의하였는데, 이는 한국의 장점을 살리면서도 미·중 사이에서 한국의 입장을 덜 난처하게 할 수 있는 경제 및 범세계적 문제 중심으로 한미 양국 간 협력이 이루어지고 있음을 보여준다. 미국의 이러한 전략적 움직임은 바이든 행정부 첫 임기 동안 지속될 가능성이 높으며, 따라서 이에 대한 한국의 대응은 한미관계와 관련하여 차기 정부가 직면하게 될 가장 중요한 과제가 될 것으로 보인다.

한미 양국의 이해관계를 절충한 협력 확대는 한국 정부가 지니고 있는 역내 협력 원칙과 부합하며 미·중 사이에서 전략적 가치를 유지하고자 하는 한국의 입장에 명분을 제공해 준다. 역내 협력에 대한 한국의 공식입장은 중국의 일대일로 구상, 미국의 인도·태평양 전략, 인도의 신新동방정책 등 역내 주요국들의 지역구상을 개방적 관점에서 환영하며, 이들 구상과 한국의 신新남방정책과의 접점을 모색하고 적극 협력한다는 것이다. 구체적으로 한국 정부는 신新남방정책을 중심에 두고 '개방성·투명성·포용성'의 역내 협력 원칙에 기초하여 주요국들의 지역구상 간 연계협력을 통한 확대협력 외교를 추진하고 있다.

한미 간 협력과 관련하여 한국 정부는 보편적 협력 원칙에 기초하여 한국의 신新남방정책과 미국의 인도·태평양 전략 간 협력을 추진해 왔다. 2019년 11월 초 한미 간 차관보 협의 및 제4차 한미 고위급 경제협의회를 통해서 한국의 신新남방정책과 미국의 인도·태평양 전략 간 연계 협력방안을 적극적으로 모색하기로 합의하였다. 구체적으로 한미 간 차관보 협의에서 한미 양국은 한국의 신新남방정책과 미국의 인도·태평양 전략 간 실질 협력을 진전시키는 데 합의하고, 에너지·인프라·디지털 경제·인적 역량 강화 분야를 중심으로 양국 간 구체적 협력현황을 담은 설명서를 발표했다. 또한, 제4차 한미 고위급 경제협의회에서 한미 양국은 한국의 신新남방정책과 미국의 인도·태평양 전략을 연계한 실질협력 방안을 개발협력, 에너지, 인프라, 과학기술 및 디지털 연계성 등의 분야에서 구체화하는 내용을 담은 공동성명을 발표하였다. 경제 분야를 중심으로 진행되어 온 한미 양국 간 협력 논의는 한미동맹 차원에서 추진되어 왔으며, 이는 한미 협력의 외연확장이라는 측면에서 긍정적으로 평가할 수 있다.

미·중 사이에서 전략적 균형을 유지해야 하는 한국의 전략적 이익을 고려할 때 향후 한미 양국 간 협력 확대도 한국의 미래 성장 동력인 신기술 및 첨단 제조 분야(디지털 경제, 반도체, 배터리, 인공지능, 인프라, 에너지 등) 및 대중對中 민감도가 상대적으로 크지 않은 비非군사 안보 분야(보건, 기후변화, 해양 안보 등)를 중심으로 전개되어 실익을 추구함과 동시에 동맹 간 신뢰 증진에 기여하는 방향으로 전개되어야 할 것이다. 특히 신기술 및 첨단 제조 분야는 한국의 핵심적인 미래 성장 동력이라는 점을 고려할 때 우리의 국익을 최우선시한 결정이 내려질 때 대내외적 공감대 및 명분을 확보할 수 있을 것이다. 따라서 '개방성·투명성·포용성'이라는 보편적 협력 원칙을 토대로 해당 사안에 대한 우리의 경제적 이익과 전략적 이해관계 등을 포괄적으로 고려한 냉철한 결정이 내려져야 할 것이다. 해당 사안에 대한 우리의 입장이 결정된 이후에는 일관된 메시지로 유관국들과 관계를 유지하려는 외교적 노력을 기울이는 것이 필요하다. 이와 더불어 다른 기술 선도국가들과의 복합적 협력을 통해 실익을 확대하는 동시에 한국의 전략적 선택이 가져올 수 있는 충격을 완화시켜야 할 것이다.

이와 더불어 보건안보, 기후변화 등 글로벌 도전 과제 대응을 위한 한미 양국 간 공조를 강화하는 것이 필요하다. 범세계적 문제에 대한 적극적인 기여와 역할은 공정한 국제관계 확립에 기여하는 모범 동맹으로서 한미동맹의 위상을 제고하는 동시에 대한민국이 세계 평화

2021년 4월 26일 주한미국상공회의소(AMCHAM) 이사회 회장단 경기도청 방문 당시
(출처: 이재명 경기도지사 블로그)

와 번영에 기여하는 글로벌 선도국가로서의 위상을 확립하는 데 힘을 실어줄 것이다. 또한 미·중의 이해가 수렴될 수 있는 글로벌 문제 대응에 있어 한국이 적극적인 역할을 통해 양국 간 협력을 견인하는 것은 양국과의 신뢰를 증진하는 데 기여할 것이며, 이는 미·중 사이에서 전략적 균형을 유지하고자 하는 한국의 입장에 힘을 보태줄 것이다. 또한 범세계적 문제 해결을 위한 한국의 적극적인 역할은 해당 분야 주요 국가들과의 복합적 협력을 통해 한국이 외교적 공간을 확대하는데 기여할 것으로 기대된다. 한국이 공정하고 호혜적인 협력 원칙에 기초하여 주요 국가들과 다양하고 복합적인 협력 관계를 증진시켜 나갈 때 한국의 국익을 담보할 수 있을 뿐 아니라 글로벌 선도국가로서 한국의 전략적 가치를 유지해 나갈 수 있을 것이다.

한중 간 상호협력의 공간 확장 및 주도적 한중 관계 추구

최용섭

한중 간 상호협력의 공간 확장 및
주도적 한중 관계 추구

최용섭

한중 관계는 그 자체로 한국 대외관계의 중심축 중 하나이면서도 미국 및 북한 관련 이슈에 의해 큰 영향을 받기 때문에 대중 정책을 수립하고 실시할 때 한국 정부는 중국뿐만 아니라 미국과 북한 역시 염두에 두어야 한다. 구체적으로 대중對中 정책은 무엇보다 중국과 미국과의 관계를 주시하면서, 북한과 중국 간 관계에 대한 보다 냉철한 분석을 바탕으로 하고, 중국의 정치경제 변화에 대한 면밀한 조사를 기반으로 하여야 한다. 이 글에서는 특히 북중 관계 및 중국의 정치경제 변화에 대한 분석을 제시하면서 미중 패권경쟁이 심화되고 있는 현 시점에서 한반도에 바로 이웃한 중국과의 관계를 한국정부가 어떻게 추구해야 할지를 고민해 보도록 하겠다. 이후 글의 말미에서는 앞의 분석을 바탕으로 현 시기 대중 정책으로 한중 간 상호협력의 공간 확장 및 보다 주도적인 한중 관계를 추구할 필요성을 제시하고자 한다.

한반도 문제 해결을 위한 중국의 역할 의문

지난 수 세기 동안 한국 정부는 북한 핵 문제 해결 및 통일, 북한 정권의 급작스런 붕괴 등의 상황에서 중국에게 도움을 구하거나 중국의 지지를 받을 필요성 때문에 중국 정부에 대해 제 목소리를 내지 못했다. 그러나 이러한 소극적 태도를 통해 한국 정부가 중국으로부터 얻을 수 있었던 것은 거의 없었으며, 오히려 국내적으로는 한국 정부가 중국 공산당에 끌려 다닌다는 비난을 받았고 대외적으로는 한국이 기존의 미국 중심 외교에서 벗어나 외교의 축을 중국 쪽으로 상당히 옮기는 것이 아닌가 하는 우려를 자아냈다. 상기한 불필요한 비난 및 오해를 초래한 소극적인 대중 정책은 한반도의 현재 및 미래에 대한 중국의 역할과 태도에 대한 전략적 판단의 부재에 그 원인이 있다.

구체적으로 살펴보자면 첫째, 북한 핵 문제 해결을 위해 중국이 할 수 있는 역할은 매우 제한적이다. 역사적으로 보면 중국의 북한에 대한 영향력은 한국전쟁 시기 가장 컸고, 이후 1958년 북한 주둔 중국군이 철수하면서 매우 약화되었다. 특히, 북한과 중국 간 관계의 분수령은 1956년의 '8월 종파사건'으로 당시 중국이 스탈린 사후의 소련 지도부에 호응하여 김일성 독재에 반대 목소리를 내면서 북한 내정에 소련과 함께 간섭했던 것을 계기로 북한 김일성 정권은 중국에 대해 매우 비판적인 태도를 가지게 되었다. 이후 중소 분쟁의 와중에 중국은 북한이 소련과 지나치게 가까워지는 것을 막고자 과거의 일에 유감을 표하면서 북한에 적지 않은 지원과 원조를 제공했지만, 김일성의 북한은 이미 1956년을 계기로 중국을 결코 믿어서는 안 되는 존재로 간주하면서 일정한 거리를 유지해왔다. 1994년 남긴 김일성의 유언 중 하나가 "중국을 믿지 말라"였다는 것은 익히 알려진 사실이다. 그리고 현재의 북한 역시 중국을 전적으로 신뢰할 수 있는 존재라고 여기지 않으며 중국이 북한에 호의를 베푸는 것은 단지 자국의 전략적 이해관계에 부합하기 때문이라고 판단한다. 북한은 중국을 전적으로 믿지는 않기 때문에 중국이 당근을 제시하면서 설득한다고 핵을 포기하는 일은 일어나지 않을 것이다. 지금까지 북한의 핵 개발 및 실험에 있어서도 북한이 중국의 눈치를 본다거나 하물며 중국의 허락을 구한 사례는 없다.

북한 핵 문제 해결에 중국이 도움을 줄 수 있다고 믿으면 오히려 대외전략에서의 오판을 초래할 수 있다. 예를 들어, 한국의 2016년 사드 배치 결정은 북한의 4차 핵실험 관련 박근혜 정부의 시진핑 주석 및 중국 정부에 대한 실망이 원인이기도 하다. 박근혜 정부는 당선자 시절 최초로 미국보다 중국에 먼저 특사를 보냈으며, 2015년에는 중국 주도의 아시아인프라투자은행AIIB에 가입하고 9월 3일의 중국 전승절 기념 중국군 열병식을 시진핑 주석과 나란히 천안문 망루에 서서 참관하기까지 했다. 이는 당시 북한 핵 문제가 크게 부각되는 상황에서 중국이 북한의 핵 야망을 제어해줄 수 있지 않을까 하는 박근혜 정부의 기대가 상당히 투영된 결과라 하겠다. 그러나 북한의 4차 핵실험 후 박근혜 대통령의 계속된 요청에도 불구하고 중국 정부는 북한 핵 문제 해결을 위한 가시적 조치를 취하지 못했다. 이에 크게 실망한 박근혜 정부는 한반도 내 사드 배치에 대한 기존 입장을 본격적으로 재검토하였고 결국 몇 달 뒤 사드 배치 결정을 내렸다. 다소 성급하게 내려진 사드 배치 결정은 주지하다시피 현재까지도 한국의 국익에 커다란 손해를 끼치고 있다. 박근혜 정부의 기대와 달리 실제 중국 정부는 평양의 핵 개발 프로그램을 좌지우지 할 정도로 대북 영향력이 크지 않지만 이를 인지하지 못하고 헛된 기대를 했기 때문에 오히려 한중 관계의 악화 및 한국의 경제적 국익이 크게 손상된 것이다.

그렇다면 "과거 2000년대 초중반의 6자회담과 같은 다자간 협상을 통한 북핵 문제의 해결에 중국의 도움을 기대할 수 있지 않을까?"라는 질문을 던져볼 수 있는데, 이것 역시 그 가능성은 매우 낮다. 현재는 2000년대 초중반과 달리 미중 패권경쟁이 심화되고 있으며 또한 일본이 북핵 문제 해결을 북한의 일본인 납치 문제(이하 '납치 문제')를 구실로 계속 방해하고 있는 상황이기 때문에 일본이 포함될 수밖에 없는 동북아 다자간 협상을 통한 북핵 문제 해결 시도는 그 성과를 기대하기 어렵다. 보다 구체적으로 살펴보자면 전자와 관련, 북핵 문제 해결을 위한 다자간 협상에는 미국과 중국이 포함될 수밖에 없는데 이는 양 국가의 경쟁관계가 치열해지고 있는 현 상황에서 북핵 문제를 둘러싸고 미중 대립이 심화되는 경우 핵 협상 자체가 실패할 것임은 물론 자칫하면 한반도 문제가 미중 패권경쟁의 전면으로 부상되어 동북아 안정과 평화를 깨뜨릴 수도 있다. 후자와 관련, 현 시기 일본 정부는 대외적 측면에서 대중국 견제, 대내적 측면에서는 보통국가화가 당면과제이다. 일본 정부는 대중국 견제 및 보통국가화를 위해 북한의 핵을 활용해오고 있으며, 북핵 문제의 해결은 이러한 대외적 및 대내적 측면에서의 당면과제 달성에 지장을 초래할 수 있다. 특히 이를 위해 일본 정부는 납치 문제를 계속적으로 활용하고 있다. 일본 정부는 납치 문제의 '만족할 만한' 해결을 주장하지만, 그러한 해결은 지극히 이루어 내기 어렵다. 그리고 2002년 김정일 위원장과 고이즈미 총리가 북일 관계 개선을 위해 시도한 납치 문제 해결

방안들이 오히려 북일 관계를 심대하게 악화시킨 사례에서 보듯이, 설혹 북한이 일본 정부가 만족할 만한 해결방안을 제시하더라도 일본 국민들이 북한이 제공한 해결 방안에 만족하지 않는다면 상황은 오히려 악화될 수 있다. 2020년 출판된 볼턴의 회고록에 따르면 일본 정부는 북미 정상회담 개최 전 납치 문제를 북미 간 회담 의제로 채택할 것을 요구한 바 있다. 이와 같이 일본 정부는 납치 문제를 들어 북핵 문제 해결을 위한 국제사회의 노력에 찬물을 끼얹는 것을 주저하지 않고 있다.

또한 지금까지 한국 정부가 중국 정부에게 수세적인 모습을 보인 것은 향후 한반도 통일 및 북한 정권의 급작스런 붕괴 상황에서 중국의 협력이 절대적으로 필요하기 때문이기도 하다. 그러나 중국 정부가 위의 상황과 관련하여 특정 정책을 취한다면 중국 정부는 한국 정부를 위해서가 아니라 어디까지나 (미래의) 당시 상황 하 중국의 국익에 가장 부합한다고 판단하는 정책을 채택할 것이다. 즉 현 상황에서 중국 정부와 좋은 관계를 유지한다고 해서 언제가 될지 모르는 미래의 통일 및 북한 정권 붕괴의 상황에서 중국이 한국을 도와준다는 보장은 없다. 앞서 말했듯이 2015년 9월 박근혜 대통령이 시진핑 주석과 함께 천안문 성루에 올라 중국 인민해방군의 열병식을 참관하면서 한중 정부 간 역대 최고의 우호 관계라고 자평했으나 몇 달 되지도 않아 사드 배치 문제로 양국 관계가 거의 파탄 지경에 이른 사례는 이러한 예상을 뒷받침해준다.

현재의 미중 패권경쟁 시기 자유민주주의 선진국들 중 오직 한국만이 중국에 적대적 조치를 취하지 않고 있지만 이에 대한 보답은 거의 없으며 오히려 사드배치 이후 실시된 한한령 및 한국 기업에 대한 보복과 제재 조치는 지속되고 있다. 한국 정부가 중국 정부에 제 목소리를 내지 못하고 있는 이유는 무엇보다 한국과 중국 사이 북한이라는 존재를 염두에 두고 있기 때문이다. 현재 북한 핵 문제 해결을 위해 중국의 역할을 기대하거나 통일 및 북한 붕괴 상황에서 중국이 한국에 우호적인 조치를 취해줄 수 있다는 기대에 근거한 이러한 수세적인 태도는 이처럼 하나하나 검토해보면 그 근거가 빈약하기 때문에 하루빨리 탈피해야 한다.

시진핑 시대 중국의 정치경제

시진핑 시대의 중국은 덩샤오핑이 개혁개방 정책을 전면적으로 실시한 이래 후진타오 시대까지 나타난 중국의 특색과는 다소 다른 모습을 보이고 있다. 그리고 그 중심에는 경제성장의 둔화, 체제 고유의 한계 및 대외경제 환경의 악화, 그리고 시진핑 독재가 있다. 첫째, 지난 시기 중국의 기록적 경제성장은 저렴하면서도 풍부한 노동력과 광활한 토지 등 생산요소의 지속적 투입 및 화교를 비롯한 외국 자본의 투자에 의지했으나 현재는 임금, 토지 등 요소비용의 상승 및 투자효율의 하락에 따른 외국인 투자의 감소 등으로 인해 경제성장의 동력이 이전만 못하다. 즉 중국 고유의 비교우위가 매우 약화된 상황이다. 예컨대, 임금만 보더라도 중국 내 최저임금은 지속적으로 연평균 10%대로 — 2012년까지는 연평균 20%대 이상 — 증가하고 있기 때문에 많은 외국기업들이 중국 공장을 닫고 동남아 국가 등 보다 저렴한 노동력을 제공받을 수 있는 국가들로 생산기지를 옮기고 있다. 국제통화기금IMF 보고서에 의하면 중국의 평균 생산성은 미국, 일본, 독일 등 선진산업국 대비 약 1/3에 불과하다. 최근 들어 중국의 생산성이 계속 정체되면서 연평균 생산성 증가율은 2007년과 2012년 사이 3.5%에서 2012년과 2017년 사이 0.6%로 대폭 하락했다.

둘째, 중국은 기존의 노동집약적 경제에서 벗어나 선진산업국가로 탈바꿈하려는 시도를 하고 있지만 대내외적 상황은 여의치 않다. 대내적으로는 경쟁력이 떨어지는 국영기업에 막대한 돈을 쏟아 붓고 있는 등 자원의 비효율적 분배는 지속되고 있고 부패문제 또한 시진핑 시기 일부 개선된 측면이 있지만 공산당 주도의 경제운용 체제가 작동하는 한 당 및 국가 관료가 막대한 이익을 볼 수 있는 부패체제가 여전히 계속될 수밖에 없다. 중국의 성장 동력이 약화된 지금 과거 수면 밑에 있던 고질적 문제들이 보다 명시적으로 드러나고 있다. 대외적으로는 미중 패권 경쟁의 가속화로 미국을 위시한 자유민주주의 국가들로부터 경제 분야 압박이 심해지고 있다. 화웨이에 대한 미국의 제재를 통해 알 수 있듯이 자유민주주의 선진산업국들은 미국과 호응하여 중국이 최근 들어 강점을 보이기 시작한 빅데이터 등 4차 산업혁명 관련 분야에서 세계적인 중국 기업의 출현을 막기 위해 공동전선을 펴고 있다. 4차 산업혁명 관련 분야 이외에도 중국 정부는 반도체, 조선, 민항기 등 부가가치 규모가 큰 산업분야를 선정하고 관련 기업들에 수백억 달러를 투자하고 있지만 선진 기술을 가진 국가들의 지원이 없는 현 상황에서 매우 미미한 성과만을 거두고 있을 뿐이다.

셋째, 중국 공산당의 정책 방향을 크게 홍紅과 전專으로 나누어 볼 수 있는데, 시진핑 시기는 홍紅, 즉 공산당 이데올로기에 입각한 정책 추진의 양상을 보이고 있다. 시진핑은 상무위원회와 정치국을 통한 중국 특유의 집단지도체제를 무너뜨리면서 1인 장기 독재를 도모하고 있다. 중국 공산당은 마오쩌둥 사후 독재 방지를 위해 총서기의 두 번째 임기가 시작될 때 차기 최고지도자 후보를 상무위원으로 발탁하고 국가 부주석 및 군사위 부주석을 맡도록 하여 후계자 수업을 받게 했다. 현재 총서기인 시진핑은 이러한 전통을 깨뜨리고 두 번째 임기 시 상무위원을 전원 60대로 채우면서 차기지도자 후보를 만들지 않았다. 또한 중국 공산당은 1982년 12월 헌법을 개정하면서 국가 주석 임기를 10년으로 제한하였고, 장쩌민 시대부터 공산당 총서기가 중앙군사위원회 주석 및 국가 주석을 겸하면서 당·정·군을 모두 장악하는 삼위일체 체제를 형성했다. 비록 헌법에는 총서기 임기 규정이 없지만 국가 주석 임기가 10년이기 때문에 후진타오 시대까지 국가 주석뿐만 아니라 공산당 총서기 및 중앙군사위원회 주석직 역시 10년 임기로 수렴됐다. 시진핑은 2013년 3월 국가주석에 취임했고 따라서 2023년에는 국가주석·공산당 총서기·중앙군사위원회 주석직 모두에서 물러나야 하지만, 지난 2018년 헌법 개정을 통해 국가주석 관련 조항에서 2기 초과 연임 불가 문구를 삭제하면서 이제는 헌법상 3연임은 물론 종신직도 가능한 상태이다.

시진핑은 합법적 절차라는 미명 아래 독재를 강화하고 있으며 대내외 정책 결정의 우선순위 역시 시진핑 독재 확립으로 모아진 지금 공산당 이데올로기 강화는 필수이다. 이는 이전 후진타오 시기의 전

畢, 즉 실용적 노선 추구와는 궤를 달리하는 것으로 경제부문의 자율성 축소로 인해 경제가 정치에 종속되는 것을 수반할 수밖에 없다. 예를 들어, 작년 중국 공산당은 중국 금융당국을 "전당포와 같다"라는 비유를 했다는 이유로 알리바바의 창립자 마윈을 소환하고 혁신적인 금융서비스를 제공하고 있던 앤트그룹의 역사상 최대 규모의 기업공개IPO를 중단시키면서 앤트그룹의 날개를 꺾어 버렸다. 이후 중국 당국은 핀테크 기업이 방만하게 운영되면서 소비자들이 피해를 본다고 주장하며 핀테크 기업에 대한 규제를 강화하고 부실 투성이인 중국의 국가은행이 금융의 주도권을 되찾도록 하는데 역량을 집중하고 있는데 이는 중국 내 자본주의 혁신에 커다란 위해를 가하는 조치가 아닐 수 없다. 예컨대, 세계 최대의 핀테크 기업으로 꼽히는 앤트그룹은 알리바바그룹의 간편결제 시스템인 알리페이 운영부터 시작하여 신용평가, 소매금융, 자산관리, 보험 등 금융 영역의 대부분을 다루고 있다. 각 금융 영역 간 연계도 활발하여 자체 내 높은 신용평가를 받으면 대출 특히 중소기업 및 개인에 대한 대출이 쉽게 이뤄진다. 한국은 물론 중국에서도 중소기업 또는 개인이 아무리 좋은 아이디어를 가지고 있다고 해도 기존 은행의 대출 문턱은 매우 높기 때문에 앤트그룹의 금융 시스템은 중국 내 자본주의적 혁신에 중요한 역할을 해왔다.

시장경제 시스템에서 양적인 경제성장 단계로부터 질적인 경제성장 단계로 진입하려고 하면 창조적 파괴(creative destruction)로 특징지워지는 혁신이 관건이지만 이러한 혁신은 중국의 기존 정치경제체제의 변혁을 야기할 수밖에 없다. 중국 공산당은 기존 정치경제체제의 급격한 변화를 바라지 않기 때문에 혁신에 기반한 성장이 정체될 수밖에 없으며 특히 시진핑 시대의 공산당은 시진핑의 권력 독점 및 이를 위한 사회 통제를 위해 공산당의 경제 장악을 보다 강화, 혁신의 가장 큰 장애물이 되고 있다. 10년 임기의 굴레를 벗어던진 시진핑 시대가 언제까지 지속될지 알 수 없지만, 적어도 그의 임기가 계속되는 한 중국의 경제발전은 상당한 어려움에 봉착할 것이다. 실제 이전 후진타오 시대 중국의 경제성장률은 10%대였지만 시진핑 시대 중국의 경제성장률은 코로나19 팬데믹 이전 시기를 보더라도 7%대에 불과하다. 물론 중국 경제 구조가 고도화되면서 경제성장률은 점차 떨어질 수밖에 없지만 그 차이가 너무나 두드러진다.

한중 간 상호협력의 공간 확장 및 주도적 한중 관계의 추구

코로나19 팬데믹은 미국의 중국 견제를 한 차원 강화하는 계기로 작용하고 있다. 기존 패권 경쟁국인 중국에 대한 견제에 더해 미국 내 급격한 코로나19 확산에 따라 '중국 책임론'이 부각되면서 인종적 편견이 가미된 중국에 대한 혐오가 심화되고 있는 상황이다. 이에 따라 현재는 미국 정부의 중국에 대한 전방위적 그리고 노골적인 견제에도 자국 내 이를 비판하는 목소리가 거의 들리지 않는다. 단지 국가 차원의 중국 견제가 아닌 일반 미국 시민의 중국 혐오가 심화되고 있기 때문이다. 바이든 행정부의 대중국 견제가 본격화되고 있지만 그 형태는 이전 트럼프 시대와 달리 동맹을 적극적으로 활용하는 방식을 택하고 있다. 강한 미국을 강조하며 동맹을 적극적으로 활용하지 않았던 트럼프 행정부의 방식이 그다지 효과적이지 못했다고 판단했기 때문이기도 하지만 무엇보다 현 시기 미국의 국력이 냉전시기와 달리 압도적이지 않기 때문에 중국 견제에 있어서 동맹의 도움은 필수적이라 할 수 있다.

중국 견제를 위한 점증하는 미국의 압력에 한국 정부는 무엇보다 자주적 그리고 실용적인 입장에서 국익 중심의 외교적 유연성을 발휘해야 할 것이다. 특히 이와 관련 현 시점에서 지극히 삼가야 하는 것은 북핵 문제의 해결에 치중하여, 미중 패권경쟁에 깊숙이 연루되는 것이다. 물론 북핵 문제를 해결하는 것은 한반도의 평화와 안정에 핵심이기 때문에 매우 중요하기는 하지만 현재의 코로나19 팬데믹 상황에서 마땅한 돌파구를 찾기 쉽지 않은 상황이다. 미국은 북한 관련 이슈가 한국 정부의 아킬레스건임을 잘 알고 있으며, 이러한 상황 인식을 토대로 북한 문제 관련 자국의 핵심 이익을 해치지 않는 범위 내에서 남북 협력 지지 및 북미 대화 재개 등의 유인책을 제시하며 한국 정부를 자국에 유리한 방향으로 움직이려 하고 있다. 만약 미국이 한반도 분단 상황을 활용하여 자국의 대중국 견제에 한국을 깊숙이 휘말리게 하면 이는 한국의 국익에 상당한 영향을 미칠 수 있다. 우리 스스로 중심을 잘 잡고 주요한 외교 현안에 대해 사안별로 국익 중심의 판단을 하는 것이 어느 때보다 중요한 시기가 도래한 것이다.

심화되고 있는 미중 패권경쟁 하 미국의 동맹국이자 중국에 인접한 한국이 중국 외교에 도움을 줄 수 있는 여지는 작지 않다. 미국 주도의 대중 견제에 일본을 위시한 많은 주요국들이 적극적으로 참여하는 상황에서 양측의 중재는 물론이거니와 비록 수사적인 표현일지라도 화해 및 평화를 말하는 것조차도 중국은 이를 높이 평가할 것이기 때문이다. 즉 한국은 미중 패권경쟁 하 양측의 중재자 또는 화해자로 자리매김하는 것을 통해 한중 관계에서 보다 실질적 이익을 얻어나갈 수 있다. 그 과정에서 한국은 보다 적극적으로 중국에게 우리의 요구사항을 주장할 수 있고, 또 그렇게 해야 한국 경제성장의 둔화를 막을 수 있다. 과거와 같이 중국 경제가 급격히 성장하는 상황이 아니라 성장이 정체되고 있는 현실에서 보다 실용적인 한중 관계의 추구를 통해 중국 정부로부터 한국 기업들에 유리한 조치들을 가능한 많이 이끌어내는 것은 한국 경제의 지속적 성장을 위해 선택이 아닌 필수이다.

예컨대, 현 시점에서 당장 한국 정부가 중국에게 요구할 수 있는 것 중 하나는 한한령의 완전 해제이다. 2016년 한국 내 사드배치 결정 후 중국이 취한 많은 제재들이 여전히 지속되고 있다. 미중 패권경쟁 상황을 전략적으로 활용하여 한한령 완전 해제 등 한중 관계에서 남아있는 사드 문제의 후유증을 최종적으로 없앨 수 있을 것이다. 다른 하나는 중국 내 산업구조의 개편 과정에서 한국 기업의 적극적 진출을 도모하는 것이다. 현 중국 내 산업구조의 개편 과정에서 경제적 이익을 좇아 많은 선진국의 기업들이 중국 시장에의 진입을 희망하고 있으나 중국 정부는 자국 산업 경쟁력 강화를 위해 관련 시장의 문을 닫고 있다. 중국에게 한국의 외교적 중요성이 커지고 있는 현재 한국 정부는 중국 정부를 움직여 중국 산업구조 개편 과정에 한국 기업이 적극적으로 진출하도록 도울 수 있을 것이다.

또한 지금까지의 한중 관계는 경제교류 및 북한 문제에 치중해 왔는데 앞으로는 보다 적극적으로 한중 간 정치, 경제, 문화, 사회 분야로 양국 간 협력 분야를 확장해야 할 필요가 있다. 예를 들어, 보건의료, 미세먼지 대응, 4차 산업혁명 관련 기술 개발 등 다양한 분야로 한중 협력의 공간 확장 및 제도화가 필요하다. 하나하나 살펴보자면 우선 한국과 중국은 코로나19 방역을 매개로 보건의료 분야 국가적 차원의 체계화된 협력이 가시화되고 있는 상황이며, 이 기회를 살려 양국 간 보건의료 협력을 가속화하고 이를 다른 분야로 확대할 필요가 있다. 한중 간 미세먼지 공동대처와 관련해서는, 2017년 한중 환경협력계획 체결, 2019년 한중 통합협력 플랫폼인 '푸른 하늘[창천]계획' 추진, 2020년 대기질 관련 장관급 회담 등 다양한 협력이 추구되고 있으나 아직 국민들이 체감할 만한 성과는 보이지 못하고 있다. 가시적 성과를 위해 정부는 '한국 내에' 미세먼지 감소를 위한 한중 공동연구소 또는 공동기구 설치 방안을 검토할 필요가 있다. 마지막으로 4차 산업혁명 기술의 선두주자 중 하나로 부상하고 있는 중국을 예컨대 한중 기업 간 빅데이터, AI 등 관련 분야 기술 교류 활성화 등을 통해 한국 산업의 경쟁력 제고에 적극적으로 활용할 수 있을 것이다.

이와 더불어 미중 패권 경쟁의 심화 상황에서 한중 간 갈등을 예방하고 관리할 수 있는 시스템을 구축하는 것이 필요하다. 미국과 중국은 관계가 점점 악화되고 있는 상황에서도 다양한 분야의 양국 간 고위급 전략대화 채널을 가동하며 최악의 상황 전개를 방지하고 있다. 한중 간에도 다양한 분야에서의 고위급 전략대화 채널 신설 및 활발한 가동을 통해 향후 발생할 많은 갈등을 예방하고 관리할 수 있을 것이다.

한국의 대중 정책은 한반도와 중국 간의 문제일 뿐만 아니라 전 세계적 차원의 문제이기도 하다. 미국의 중국 견제가 심화되고 있는 현 상황에서 한국의 대중 정책이 두 강대국 간의 패권경쟁에 적지 않은 영향을 미칠 수 있기 때문이다. 또한 미중 패권경쟁은 한국 외교에 도전이자 기회가 될 수 있다. 두 패권국가 사이에서 한국이 어떻게 행동하느냐에 따라 손해는 최소화하고 이익은 증대시킬 수 있는 여지가 있기 때문이다. 그리고 이를 위해서는 미국 및 중국을 포함한 주요 국제관계의 행위자들 및 국제체제에 대한 치밀한 분석뿐만 아니라 분석된 지식 및 정보를 바탕으로 때로 과감하게 행동할 수 있는 용기 역시 필요하다.

|한일관계|

한일관계 재구축을 위한
새로운 외교적 도전

한혜진

한일관계 재구축을 위한 새로운 외교적 도전

한혜진

올해 2021년은 한국과 일본의 국교가 회복된 지 56주년이 되는 해이다. 그러나 지금의 한일 관계는 앞으로 나아갈 수도, 뒤로 물러날 수도 없는 교착 상태에 놓여 양국 관계는 전후 최악으로 개선의 실마리를 찾기 어려운 상태이다. 한일 양국은 과거 1998년 화해와 협력을 도모하며 미래지향적인 외교를 나누었던 김대중-오부치 게이조小渕恵三 정부 이후 약 10년간을 제외하면 한일 관계는 그 역사와 함께 독도, 야스쿠니신사, 역사인식 문제, 종군위안부, 강제징용공, 무역 보복, GSOMIA문제, 원전 오염수 처리 등의 문제로 서로 간 대립과 비난, 분노로 점철되어 왔다. 이러한 한일 간의 문제들은 결국 과거 열악했던 상황 속에 일본으로부터 평등한 합의를 이끌어 낼 수 없었던 우리의 아픈 역사와 마주하게 한다.

한일 관계가 그 어느 때보다 심각해진 계기로 작용한 사건이 있다. 바로 2018년 한국 재판부의 강제징용 배상 판결이다. 과거사 문제에 인식을 달리하는 일본은 한국에 대한 보복성 수출 규제를 단행하였으며 이로 인해 양국은 연쇄적인 상호 경제 및 안보 보복을 하게 됨으로써 결국 오늘의 한일 관계는 심각한 딜레마에 처하게 되었다.

일본은 2018년 외교청서에서 한국과의 관계에 대하여 양국의 협

일본의 한국에 대한 인식

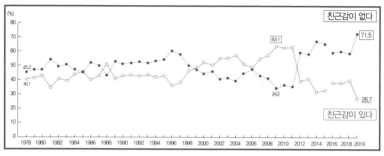

출처 : 일본 內閣府

력은 지역의 평화와 안정을 위해 필수적이며 '중요한 이웃국가'라고
하는 한편, 종군위안부와 강제징용자 판결 문제 등과 관련해서는
'수용 불가'의 뜻을 밝히며 한국에 대해 문제 해결의 방안을 제시하
라는 입장을 표명하고 있다. 아베, 스가 전 총리와 현재의 기시다 총
리 등 일본의 보수우익 노선의 정치 리더들은 이러한 한일 간의 역사
문제에 대해 한국에 대한 '불신'을 일관되게 강조하며 건설적인 대
화에 미온적인 태도를 견지하고 있다. 현재의 이러한 한일 간의 대립
은 일본 정치와 언론, 사회 전반에 걸친 보수우익세력의 확대로 인한
보수와 진보의 불균형, 일본 시민 사회의 정치에 대한 무관심 등으로
장기화될 가능성이 크다. 양국의 적대관계를 전환하고 문제의 합의
점을 찾기 위해 그 어느 때보다 적극적으로 대책마련에 나서야 할 시
점이다.

한일 관계의 딜레마 : 위안부합의와 강제징용 배상 문제

1990년대 들어 과거사 문제는 한일 양국 간 주요 쟁점으로 부상하기 시작하였다. 이러한 상황은 양국이 맞이하게 된 구조적인 대변화에 기인하고 있는데, 구체적으로 양국 간 국력 격차 해소, 한반도평화프로세스의 진전, 냉전 종식에 의한 한일 안보협력 필요성의 약화, 중국의 부상과 한중 협력의 확대, 일본 국내정치의 보수우경화의 심화, 한국의 민주주의 확대와 북한의 핵 보유로 인한 위상의 변화 등을 들 수 있다.

현재 한일 양국 간 최대 쟁점은 위안부 문제와 강제징용자 배상 문제이다. 이와 관련하여 수십 년간 한일 양국의 적지 않은 노력이 있었음에도 관계 진전을 이루지 못하고 답보상태에 머물 수밖에 없는 결정적인 원인이 존재한다. 그것은 1965년의 '대한민국과 일본국 간의 기본관계에 관한 조약'(이하 '한일기본조약')이다. 일본은 과거 1937년 이후 침략 전쟁을 확대하면서 인적·물적 자원이 필요하게 되었다. 이에 조선과 대만의 노동자들을 강제 징용하여 무임금 혹은 저임금으로 비인간적인 노동에 시달리게 하였다. 강제징용 피해자들은 한국중앙지방법원에 소송을 내었고 2018년 10월 한국 대법원은 징용 피해자에 대한 1억 원의 위자료 배상 판결을 내렸다. 그러나 이를 받아들이지 않고 반발한 아베 총리(당시)는 "한일청구권 협정에 위반하는 행위를 한국이 일방적으로 행하여 국교 정상화의 기조가 된 국제조약을 지키지 않고 있다"고 발표하였다. 아베 전 총리의 노선과 축을 같이하는 스가 총리 또한 2020년 "징용 문제를 포함하여 한일 간의 재산 청구권 문제는 한일 청구권 협정에 의해 완전히, 최종적으로 해결된 문제라고 생각한다"고 하였으며 2021년 4월에는 '징용에 의한 노무는 강제 노동이 아니다'라는 주장을 각료 회의에서 정부 공식 견해로 채택하였다. 올해 10월 초 취임한 기시다 총리 또한 최근 참의원 본회의에서 '한일 관계 개선을 위해서는 한국이 강제징용 문제에 대한 해결책을 내놓아야 한다'며 일본 정부의 기존 입장을 주장하고 있다.

한일기본조약은 해방 이후 한국과 일본이 최초로 다시 국교를 맺은 협정으로, 한국과 일본 간의 기본관계를 규정하고 단절된 국교 정상화를 위한 조약이다. 기본조약과 그에 부속하는 4개의 협정으로 구성되었으며 그중 하나가 한일청구권 협정이다. 그러나 이 협정은 그 내용의 불명확성, 불평등성, 졸속처리 등으로 제2의 을사조약이라 불리고 있다. 한국은 청구권 3억 달러와 경제 차관 2억 달러를 지원받는 대신 식민 지배의 피해에 대한 모든 배상을 포기하기로 약속하였다. 조약의 핵심인 제2조에는 '양 체결국은 … 양 체결국 및 그 국민 간의 재산, 권리 및 이익과 청구권에 관한 문제가 완전히 그리고 최종적으로 해결된 것을 확인한다'라고 모호하게 명시되어 있다. 일본은 바로 이 제2조를 근거로 식민지배와 관련한 청구권 문제가 완전히 해결되었다고 주장하고 있다.

그러나 강제징용을 비롯한 일본군 위안부 피해자, 사할린 동포 원폭 피해자 등의 문제는 청구권협정에 포함되지 않았다. 또한 개인이 피해자로서 기업에 배상을 청구할 수 있는 권리는 국가 간 조약체결과 별개 문제로 남아 있다. 일본의 최고법원 또한 개인의 청구권은 소멸되지 않았다고 인정하고 있으며, 다수의 일본 외무성 내부 문건에도 '한일 협정의 의미는 개인 청구권이 아니라 국가의 외교보호권이 소멸되었다'는 취지의 내용이 명시되어 있다.

그러나 일본 정부는 오늘날까지 일관되게 '한국은 국가 간의 약속과 국제법을 어겼다'는 주장만을 이어오고 있는 상황이다. 일본 정부의 이러한 입장 견지는 강제징용 판결을 받아들일 경우 자신들이 지속적으로 주장해 왔던 식민 지배에 대한 합법성을 부정하는 결과가 되기 때문이다. 한일기본조약은 식민 지배에 대한 불법과 합법이라는 양국 간의 인식 차이가 존재하는 문제점을 가지고 있다. 즉 당시 일본은 '식민 지배는 쌍방 합의에 의한 것으로 적법하며 따라서 배상할 이유가 없다'는 주장을 펼쳤다. 이로 인해 당시 일본이 한국에 제공하였던 5억 달러의 지불명목은 배상이나 보상금이 아닌 청구권 자금이라고 하는 이상한 이름의 명목으로 제공되었다.

1997년부터 시작된 강제동원 소송은 현재 미쓰비시중공업, 일본제철 등 70개 이상의 일본 기업에 대한 수십 건의 소송으로 확대되었다. 지금까지도 상호 간 판결, 항소, 재항고, 신규소송이 이어지고 있으며 대법원의 승소 판결이 있어도 피해자들의 실질적인 권리구제까지는 상당한 시간이 소요될 것으로 보인다. 또한 만약 한국이 일본 기업에 대한 대금 압류를 진행할 경우 일본은 어떠한 형태로든 새로운 보복을 단행할 가능성이 높아 보인다. 문재인 대통령은 올해 1월 기자회견에서 "강제징용 문제는 강제집행의 방식으로 현금화되는 등의 방식은 한일 양국 간의 관계에 바람직하지 않다"고 언급한 바 있다. 따라서 사법적 해결보다 외교의 영역으로 돌아가 피해자들을 포

한국과 일본 정부의 주요 입장

기간	주요 쟁점시기	한국입장	일본입장
2013.8.01 ~ 2018.10.29	강제징용 최종 승소 확정판결 이전	양국간의 합의가 개개인의 권리를 침해할 수 없음. (2017.8.17)	국제사법재판소 제소를 검토하겠다고 발언. (2013.8.31)
2018.10.30 ~ 2020.12.30	강제징용 최종 승소 확정판결 이후	사법부 판단을 존중함. 제반요소를 고려하여 대책을 마련할 것임. 피해자들의 고통을 안타깝게 생각하고있음. (2018.10.30)	강제징용 문제는 한일정구권 협정으로 완전히 해결되었음. 국제법상 있을 수 없는 판단임. (2018.10.30)
		대한민국 대법원 판결에 대한 일본 정부 지도자들의 발언은 부적절함. 사법부의 판단은 정부간 외교의 사안이 아님. (2018.11.07)	대법원 판결은 한일청구권 협정 2조에 반함. 결코 받아들일 수 없음. (2018.11.29)
		한국도 1965년 한일조약 및 청구권 협정을 준수해 왔으며 앞으로도 그렇게 할 것임. (2019.10.24)	국제법을 명확히 위반하고 있으며 한일관계의 법적 기반을 근본부터 뒤집었음. (2019.10.25)
2020.12.30 이후 ~ 2021. 5.	일본기업 압류자산 매각명령 결정문 효력 발생 이후	강제집행의 방식으로 현금화 되는 것은 바람직하지 않음. (2021.1.18)	일본기업 자산 현금화 조치는 절대로 피해야 함. (2021.5.05)

출처 : '한국과 일본 사법부 및 정부입장에 관한 연구' 송정현 외, 2021, p.225.

함한 우리 시민사회와의 긴밀한 협의를 이루어내고, 이를 토대로 우리의 대법원 판결에 준하며 일본도 수용 가능한 범위에서 외교적인 해법을 찾아야 할 것이다.

일본이 "한국은 국가 간의 약속을 위반하는 나라"라며 불신과 비난을 나타내는 결정적인 또 다른 이유가 있다. 그것은 2015년 12월의 '위안부합의'에 대한 한국 정부 측의 사실상의 파기 선언과 일본과의 합의의 산물인 '화해·치유재단'을 해산한 데 있다. 북한 핵 위협 대응 및 중국 견제를 위해 한·미·일 안보협력의 증대를 원했던 미국 행정부는 한일 양국 정부에 관계 개선을 촉구하였다. 이러한 미국의 개입에 의하여 오랜 과제였던 2015년 위안부합의를 이루게 되었다. 이 합의에서 과거 위안부 운영에 대한 일본군의 관여 인정과 피해에 대한 일본 정부의 책임 통감 그리고 아베 총리(당시)의 서면 사과를 받게 되었다.

그러나 문재인 정부에 들어서 그 합의가 양국 간의 '최종적인 불가역적 합의'였음을 인정하면서도 한국 국민과 피해 당사자의 합의와 수용이 이루어지지 않은 점, 피해자 중심의 인권의 관점이 아닌 정치적 합의에 치우쳤음을 자인하며 사실상의 합의 무효화를 결정하게 된다. 이에 따라 위안부 문제 해결을 위한 정책 중 하나로 일본 정부가 10억 엔의 자금을 출자, 설립하여 운영되어 온 화해·치유재단이 2018년 11월에 해산되었다. 이러한 한국 정부의 조처에 대해 아베 총리(당시)는 위안부합의에 대해 "최종적이고 불가역적인 해결이었으며 국제적인 약속이 지켜지지 않는다면 국가와 국가 간의 관계 성립이 이루어지지 않는다"며 강하게 항의하였고, 이러한 강경한 입장은 현재의 기시다 정부에서도 유지되고 있다. 결국 타당하고 면밀한 절차로 합의를 주도하지 못했던 한국 정부는 합의 번복을 택할 수밖에 없었고 이러한 결과는 일본 정부로 하여금 '한국은 신뢰할 수 없는 국가'라는 프레임으로 일본 국내 정치에 무한정 활용할 빌미를 제공한 동시에, 우리 정부의 대일 외교상의 최대 약점이자 걸림돌로 작용하고 있다. 현재 위안부합의는 폐기도, 재교섭도 하지 못한 채 유지되고 있다.

위안부와 강제징용 손해배상 소송은 각각 주권면제와 소멸시효에 대한 다른 기준으로 재판부에 따라 어긋난 판결이 최근 몇 달 사이 잇달아 나와 우려를 낳고 있다. 법의 절차상 최종 판결과 그에 따른 실질적 피해 보상을 받기까지는 향후 상당한 시간이 소요될 것으로 보인다. 따라서 보다 실용적이며 바람직한 해결 방법은 사법적 절차보다는 외교적 해결일 것이다. 우리 정부는 일본과의 대화를 강조하며 한일 관계 개선에 대한 의욕을 보이고 있다. 그러나 일본은 우리 정부에 해법을 요구하며 관계 개선을 위한 새로운 노력을 하지 않고 있다. 문재인 정부는 임기 말에 있으며 일본은 올해 10월 말과 내년 중순 중의원과 참의원 선거를 앞두고 있다는 것이 영향을 미치는 것으로 보인다. 차기 한국 정부가 해당 사안에 대해 어떠한 입장을 보일지 알 수 없을 뿐 아니라 중요한 국내정치적 이벤트를 앞두고 정치적 부담이 있는 외교문제에 선제적으로 나설 필요성이 크지 않기 때문이다. 따라서 단시일 내에 한일 양국이 서로 마주앉아 문제 해결을 위해 경주하는 모습을 보기는 쉽지 않아 보인다.

한일 공동 여론조사 : 한일 관계의 위기와 가능성

한일 관계 악화에 대한 평가는 해마다 있었으나, 지금의 양국 관계는 2018년 이후 위안부합의 무효화, 강제징용 피해 배상 판결, 보복성 수출 규제, 초계기 사건, GSOMIA 문제, 수출 규제에 대한 WTO 제소 등의 연쇄적인 대립이 중첩되어 심각한 교착 상태에 놓여 있다. 또한 양국 간 관계 악화에 따른 혐한, 빈일 정서를 일부 정치인들이 국내 정치에 악용하고 있으며, 이에 따라 양국 관계가 보다 심각해지는 악순환의 고리가 형성되고 있다. 이러한 상황은 한일 양국의 공동 여론조사에 여실히 반영되고 있다.

일본의 비영리단체 싱크탱크인 언론言論 NPO는 한국의 동아시아연구원EAI과 2020년 9~10월에 걸쳐 각 1,000명을 대상으로 여론조사를 실시하였다. 그 결과 한국인의 일본에 대한 인상은 '좋지 않다'가 71.6%로 작년 대비 21.7% 포인트 대폭 악화되었으며, '좋다'는 지난 해 최고에서 최악의 수준으로 감소하였다. 이 밖에 한일 관계와 한일 양국의 정상에 대한 인식은 전반적으로 악화되었다. 또한 현재의 한일 관계에 대해 '나쁘다'고 응답한 한국인은 거의 90%에 가까운 88.4%(작년 66.1%)로 과거 8년 중 최악의 결과로 나타났다. 이러한 결과는 지난 한 해 사이 전례 없는 규모로 한국의 대일 인식이 악화되었음을 보여준다. 이와 같은 인식 악화의 원인으로 문재인 정부의 위안부 합의 번복과 한국 대법원의 징용공 판결, 일본 정부의 수출 규제와 화이트리스트 제외, 한국의 일본 제품 불매운동 확산 등을 들수 있다. 또한 한국의 대일 인식이 급속히 악화된 배경에는 양국 정부 간 불신의 구조가 존재하고 있으며, 이러한 구조적 불신 및 대립은 양국의 민간교류와 한국인의 일본에 대한 기초적인 이해에 악영향을 주고 있다는 것이 여론 조사에서 밝혀졌다.

동 여론조사에서 한국인의 61.2%, 일본인의 38.8%가 한일 양국 간의 어려움을 해결하기 위해 노력을 해야 한다고 응답하는 등 양국 간 관계 개선을 바라는 목소리도 많다는 것이 확인되었다. 그러나 양국 정부 간의 관계가 개선되지 않는다면 '적극적으로 대응할 필요가 없다'라는 견해도 한일 양쪽 모두에서 발견되었다. 이와 같은 여론 조사 결과는 한일 관계 회복 여부는 일차적으로 양국 정치지도자의 의지에 달려 있으며, 양국 정부의 불신이 심화됨에 따라 양국 국민 간 상호인식도 악화될 수 있음을 보여준다. 그동안 한일 양국은 거듭 확산되는 불신 속에 새로운 관계 구축을 위한 환경 조성에 무관심하였다. 지난 6월 G7 정상회담 당시 일본의 일방적 취소로 한일 정상은 약식 회담조차 가지지 못하였으며 최근 도쿄올림픽을 계기로 한일정상회담을 시도하였으나 이마저도 불발되었다. 그만큼 양국 간 불신의 골이 깊고 외교적 사안들이 복잡하게 얽혀있음을 알 수 있다.

한편 일본 내각부가 발표한 2021년 3월 '외교에 관한 여론조사' 결과에서 일본은 여성과 젊은 세대일수록 한국에 대한 친근감이 높은 것으로 나타났다. 18~29세가 54.5%로 가장 높은 선호도를 보였으며 다음 30대(41.7%), 40대(37.1%), 50대(33.6%), 60대(28.5%), 70대(26.5%)로 정확히 계단 순으로 낮아지고 있다. 또한 여성(42.5%)이 남성(27%)에 비해 훨씬 많은 호감을 보고 있다. 이러한 세대별, 성별이 보여주는 특징적인 결과는 미국, 중국 등 다른 국가에서 보이는 결과와 확연히 구분된다. 일본의 이러한 세대 간 시각의 차이는 최근 그 어느 때보다 세계적인 추세로 높아지고 있는 '한류'의 영향과 한국의 국력 상승으로 대등화된 구조의 변화에서 기인한다. 이에 따라 일본은 고령자일수록 한국에 대한 선민의식, 우월의식의 경향을 보이고 있으며, 1980년대 세계 2위의 경제 대국 지위를 누렸던 중견세대는 현재의 상대적 국력 약화로 반 우월의식, 박탈감, 열등감을 안고 있다. 이에 반해 젊은 세대로 갈수록 K-컬쳐의 영향으로 열등감과 편견이 적은 경향을 보이고 있다.

이러한 조사 결과는 현재 균열된 한일 관계를 어떻게 풀어낼 것인지에 대한 해답을 명확히 보여주고 있다. 현재의 젊은 세대는 향후의 한일 관계를 책임질 주역이므로 이러한 호감이 유지되고 상호 이해를 높여 우호의 토대를 쌓을 수 있도록 방안을 적극 마련해야 한다.

일본의 보수우경화와 투트랙 실용 외교

한일 간의 관계에서 큰 장애물로 작용하는 다른 요인은 일본의 확대, 심화되고 있는 보수우경화이다. 우경화라는 단어 자체와 그 인식에 모호성은 있으나, 일본의 보수우익의 색채는 1990년대 후반 이후 짙어지기 시작하였다. 이후 2012년 12월 아베 신조 총리(당시)가 재취임하여 약 8년간 장기집권하면서 보수우경화가 총체적으로 자리잡게 되었다. 이러한 우경화로의 전환은 아베 총리의 이념적 성향의 발로였겠으나, 무엇보다 이러한 흐름을 제어할 수 있는 진보 정당과 시민 세력이 약해진 것이 가장 큰 요인이었다. 또한 1993년 소선거구제가 도입되면서 총재의 절대적인 공천권의 행사 등으로 파벌의 구속력이 현저하게 저하되고 국회의원의 포퓰리즘과 내셔널리즘이 대두된 것 또한 주된 요인이라 할 수 있다. 이러한 고착화된 보수우경화는 현재의 기시다 정부에 그대로 이어지고 있다. 이와 더불어 상황을 보다 어렵게 만드는 것은 이러한 보수우익의 성향이 일본 정치에서 제도화되고 있으며 과거와 달리 정치인에 국한하지 않고 젊은 층을 중심으로 민간에 확대되는 경향을 보이고 있다는 사실이다. 외교는 물론 민간교류가 중요해진 현실에서 국수주의와 민족주의적 태세로 역사 수정, 과거사 부정, 영토 문제 등이 앞세워진다면 한일 관계의 개선은 요원해질 수밖에 없을 것이기 때문이다.

한국과 일본은 오늘날 경제적, 정치적, 이념적으로 상당 부분 대등화, 균형화 되었다. 상호 선린우호 협력관계를 유지하는 것이 서로의 국익에 도움이 될 것은 말할 필요도 없다. 따라서 한국의 정치 지도자는 보다 성숙하고 노련한 리더십을 발휘하여 일본으로 하여금 현재의 불신과 경계심을 누그러뜨리고 관계를 발전시키도록 관리해 나가야 한다. 그렇다면 악순환 구조에 빠진 현재의 한일 관계를 어떻게 풀어나가야 할 것인가? 여러 가지 대안이 존재할 수 있겠으나, 투트랙으로 일본과 전략적 의사소통을 강화해 나가는 것이 가장 실용적이고 현실적인 방안이라 할 수 있다. 투트랙 접근법two track approach은 현재의 문제인 정부를 비롯하여 과거 대對일본 외교전략으로 전통적으로 채택되어 온 방식으로 새로운 것은 아니다. 투트랙 접근법은 복잡하게 얽힌 강제징용, 위안부 문제 등의 쟁점 현안에는 신중히 대응해 나가는 한편, 양국 간 고위급 소통과 교류를 지속하여 교류와 협력을 위한 노력을 병행하여 추진해 나가는 것을 핵심으로 한다. 2012년 이후 한일 양국이 대립 상태를 지속하면서 서로를 경원시하는 현상으로 해결의 실마리를 푸는 데 어려움은 있으나, 그럼에도 과거 수십 년간 한일 양국은 크고 작은 많은 협력을 이루어 왔다. 이제 우리는 실용적인 관점에서 공정하고 미래지향적인 한일관계를 형성하기 위해 보다 적극적으로 행동하는 자세가 필요하다. 과거사에 대해 양국 간 의견의 차이가 있더라도 해당 사안에 대한 우리의 원칙을 토대로 그 차이를 좁히기 위한 노력을 하는 동시에, 다른 분야의 협력, 즉 경제와 안보상의 실리를 추구하는 것이 필요하다.

투트랙 접근법의 성공을 위해서는 양국 지도자의 소통을 필두로 하는 정부 간 공조가 필수적이다. 한일 양국 간 공조 분위기를 조성하기 위해서는 무엇보다 양국 정치인들 사이에서 만연한 외교의 정치화를 없애는 것이 급선무다. 반일, 혐한 정서를 정치 프레임으로 활용하는 정치인에 의해 양국의 국민감정이 상호혐오와 호혜협력으로 양분되어지는 것을 우리는 지금도 목격할 수 있다. 상기한 대로 현재 일본이 한국과의 문제 해결에 소극적이고 성의 없는 모습을 보이는 데는 올해 10월 말과 내년 중순에 예정된 중의원과 참의원 선거 등 일본의 국내정치 상황이 영향을 미치고 있다고 할 수 있다. 현 정권이 안정화 되지 않은 만큼 총선을 앞두고 정치적 부담이 있는 외교 문제에 섣불리 나설 필요가 없기 때문이다.

이러한 외교의 정치화를 막고 한일 관계의 갈등 문제를 해결하기 위해서는 무엇보다 양국 언론의 역할이 매우 크다. 여론의 동향은 언론, 미디어로부터 큰 영향을 받으므로 편파적이고 자극적인 보도는 양국 국민들의 감정을 부추기게 되어 한일 관계를 더욱 어렵게 한다. 특히 일본의 언론은 1970년대부터 자국 정부에 대한 비판력이 약한 편으로 이 점이 양국 관계의 큰 걸림돌로 작용하고 있다고 할 수 있다. 진보 언론의 힘 또한 약한 상황이다. 올해 발표된 세계언론자유지수에서 일본은 67위로 한국(42위)과 대비되는 낮은 평가가 이를 뒷받침한다. 과거 김대중 전 대통령은 '언론은 국민에게 생명수와 같은 것'이라고 말한 바 있다. 양국 언론의 협력이 절실히 필요한 때이다.

미래지향적 공공외교와 한류

한일 관계 회복을 위한 최우선적인 과제는 양국 정부가 현안을 적극적으로 논의하고 상호 협력을 본격화하는 것이다. 그러나 정부 간 교류 및 협력만으로는 서로의 이해관계가 복잡하게 얽혀있는 과거사 문제 및 양국 간 상호불신을 근본적으로 해결하는 데 한계가 있다. 따라서 양국의 우호관계를 영속적으로 이어주고 결실을 맺기 위해서는 정치, 경제 및 이데올로기를 초월한 문화교류가 중요하다. 구체적으로 한일 양국 간 소통과 신뢰 회복을 위해 공공외교를 적극 활용하여 공감대를 형성하고 미래지향적인 모습을 많이 보여주는 것이 필요하다.

드라마, 영화, 만화, 음악 등의 대중문화와 올림픽, 스포츠전 등을 통한 교류는 한일 관계 개선의 돌파구가 될 수 있다. 한일 관계의 악화로 인해 정부 차원의 공공외교는 소극적인 모습을 보이고 있으나, 양국 국민들의 저변에는 상호 문화에 대한 관심이 여전히 크기 때문이다. 현재 한류에 대한 열풍은 세계적인 현상으로 나타나고 있지만, 한류의 역사는 1945년 이후 특히 일본 내에서 점차 확산되기 시작하였다. 2002년 한국과 일본이 공동 개최한 한일월드컵 그리고 2003년에 일본에서 방영된 드라마 '겨울연가'로 촉발된 1차 한류 붐은 한일 양국 관계에 커다란 전환점을 가져다주었다. 또한 현재 일본에서의 K-드라마, K-뷰티, K-POP, 한식 등 한류 열기는 인적교류와 매체의 발달로 이미 일본의 일상 속에 스며든 모습을 미디어를 통해 종종 볼 수 있다. 2020년 일본에 공개되어 4차 한류의 촉매가 된 드라마 '사랑의 불시착'은 일본에서 '2020 신조어·유행어대상' TOP10을 수상하였다. 놀라운 점은 일본의 우익, 혐한인사로 역사 왜곡을 지속하였던 소설가, 정치인, 관료, 유명인들이 '사랑의 불시착'을 애청하였으며 이러한 사실을 언론 등 외부에 공개하기를 꺼리지 않았다는 점이다. 또한 '사랑의 불시착'은 북한을 소재로 한 것으로, 일본에 있어 최고 위협의 대상으로 인식되어 온 북한을 드라마를 통해 보다 이해하고 나아가 다소나마 친근감을 느끼게 하는 기회를 제공하였다는 점은 북일관계와 한일관계의 특수성을 고려할 때 매우 고무적이라고 할 수 있다. 그러나 현재 그 인기와 관심에 비해 이를 활용한 문화교류가 부족한 실정이다. 따라서 일본 내에서 자발적으로 일어나는 이러한 한류 붐의 움직임을 한일 양국 간 문화교류로 체계적으로 전환, 발전시키는 것이 필요하다.

역사문제는 과거를 이야기하지만 문화교류와 한류는 미래를 바라보게 한다는 점에서 바람직하고 효과적인 외교의 한 방법이라고 할 수 있다. 외교라는 국가 차원의 교류도 중요하지만, 근본은 이러한 민간 차원의 교류라는 것을 잊어서는 안 된다. 어떠한 국가나 체제일지라도 사회를 현실적으로 떠받치는 것은 국민이다. 이러한 국민 간의 문화교류를 통해 상호 이해 및 협력을 도모한다면 탄탄한 국가 간 협력의 기반이 마련될 것이다. 인류를 구한 소아마비 백신 개발이 과거 냉전시대에 미국과 소련의 협력에서 탄생하였듯이, 한국과 일본도 공통의 위협을 함께 극복하고 공헌해 나가는 접근 방식으로 교류와 협력을 지속해 나가야 한다고 생각한다. 기후 위기 대응, 지구온난화 방지, 백신 등 비전통 안보협력 분야에서 협력하여 국제사회의

홀륭한 모범이 될 수 있는 사례를 적극적으로 만들어가야 한다.

　미래지향의 협력을 위한 첫발을 떼기 위해서는 일본은 먼저 과거를 직시하여 잘못된 인식을 바로하고 침략역사에 대해 진지하게 사죄해야 한다. 발트하임Kurt Waldheim 전 UN 사무총장은 과거 세계평화를 방해하는 원흉이 무엇이라고 생각하느냐는 질문에 '불신감'이라고 답하였다. 당초 핵무기의 개발도, 전쟁의 원인도 불신과 오해에 있었다는 역사적 사실을 기억해야 한다. 그 불신감을 신뢰로 바꾸는 지름길은 서로 간의 대화와 공공외교에 있다고 본다.

　이상으로 한일 관계를 양국 간 현안을 위주로 살펴보았다. 문재인 정부가 대일 외교에 어려움을 겪은 이유는 특정 국가에 외교력이 집중되었기 때문이기도 하지만, 무엇보다 일본에 대한 무관심에 있었다고 평가하지 않을 수 없다. 또한 '눈에는 눈, 이에는 이'라는 지나치게 강경한 대응자세는 오히려 문제를 악화시킬 수 있다는 일례를 보여주었다. 지금의 동북아의 상황을 국익의 관점에서 다자적이고 지역적으로 바라본다면, 일본은 상당히 많은 부분에서 우리와 이해관계를 공유하고 있으며, 따라서 그만큼 양국이 서로 협력해 나갈 수 있는 여지가 크다고 할 수 있다. 차기 정부는 실용적인 관점에서 일본과의 관계를 중요시하고 현재 일본 당국의 특수성에 대한 깊은 이해를 바탕으로 미래지향적인 외교 관계를 발전시켜 나가야 할 것이다. 최근 출범한 기시다 후미오 내각은 대한 외교 정책에 있어 기존 정부의 강경보수 노선을 계승할 것으로 예상된다. 따라서 보다 장기적인 관점에서 복잡하게 얽혀있는 한일관계의 실마리를 풀기 위해 우리의 국익을 중심으로 투트랙 접근법을 통해 양국 간 협력 지평을 확대하

여 공정하고 호혜적인 한일관계를 모색하는 실용적인 외교가 절실히
요구되고 있다.

아세안 지역전략,
약속이행과 비전의 확대

최경희

아세안 지역전략, 약속이행과 비전의 확대

최경희

글로벌 위기시대, 글로벌 선도국가 한국 그리고 한국과 아세안 관계

2021년 7월 유엔무역개발회의(UNCTAD: United Nations Conference on Trade and Development)는 대한민국을 개발도상국 그룹에서 선진국 그룹으로 위치 변경하였다. 1964년 UNCTAD이 설립된 이래 첫 사례이다. 어떻게 우리는 선진국으로 발전했을까? 우리의 경험은 우리나라에게만 소중한 것인가? 우리의 경험은 아시아 차원에서 어떤 의미를 갖고 있는가?

우선, 선진국developed country은 '모방하는 국가'라기보다는 '문제를 선제적으로 해결할 능력이 있는 국가'라는 점에서 개발도상국가developing country와는 전혀 다른 시스템을 갖는 국가이다. 문재인 정부를 지나오면서 선진국 진입 성과를 얻었다고 하는 것은 기억해야 하는 일이고, 이후 차기 정부는 '완전한' 선진국 반열에 한국을 올려놓아야 하는 과제를 안고 있다. 문재인 정부에서 한국이 '선도국가leading country'로 진입할 수 있었던 것은 바로 문재인 정부가 여러 '위기'를 경험했고,

그 '위기'를 '독자적으로' 극복하는 과정이 있었기 때문이다. 문재인 정부가 직면했던 위기는 취임 직전의 북핵과 미사일 위기, 일본의 반도체 소재에 대한 수출통제와 무역분쟁 그리고 코로나19 팬데믹 등이다. 특히 코로나19 팬데믹은 우리나라뿐만 아니라 전 세계 모든 국가의 경제적 상황은 물론 사회문화적 그리고 정치적 상황을 심각하게 훼손시키고 있다. 전 세계 모든 국가가 실험대에 올랐다. 이 위기의 시기 동안, 얼마나 잘 대응하고 있는가, 얼마나 잘 전환시키고 있는가?

한국은 코로나19 팬데믹 상황에서 다른 나라들과 조금 달랐다. 왜 달랐을까? 바로 디지털 경제가 어느 정도 도입된 선진경제 기반이었고, 가장 중요한 이유로 '공동체'를 위해서 개인의 불편을 감수해 낼 수 있는 성숙한 민주적 시민문화와 사회문제에 대한 정확한 인식과 이 상황을 타개할 수 있는 정치적 리더십이 성공적으로 작동했기 때문이다. 적어도 문재인 정부시기에 시민, 기업, 정치의 영역은 다른 나라에 비해 성공적인 관계를 구축했다고 볼 수 있다. 한국정부가 코로나19 대응을 상대적으로 성공했다고 볼 수 있는 것은 코로나19 대응의 과정을 통해 한국판 뉴딜경제전략으로 '전환경제'를 선택했다는 점에서도 잘 알 수 있다. '위기'를 대응하기 위한 '전환적 선택'을 시작한 것이다. 이러한 '한국의 발전모델'은 G2시대에 더 빛날 것으로 보인다. 미국과 중국은 세계를 움직이는 슈퍼파워 국가임이 분명하다. 하지만 시장에 기반한 미국의 발전모델과 공산당 지도력에 기반한 중국의 발전모델 모두 매우 특수한 발전모델이기에 그 밖의 수많은 나라들이 모방하기 결코 쉽지 않다. 그러나 한국의 발전모델은 그렇지 않다. 한국의 발전이 향후 글로벌 차원에서 더 많이 회자될 가능성이 훨씬 더 높은 이유이다.

이러한 맥락에서 코로나19로 확산된 글로벌 위기시대에 선도국가가 된 한국의 역할은 매우 중차대하다. 가장 중요한 글로벌 시대인식은 코로나19로 인해 한국뿐만 아니라 거의 모든 나라가 '위기'적 상황이라는 점과 '이러한 위기를 갈등과 분쟁, 전쟁으로 극복할 것인가' 아니면 '글로벌 연대를 토대로 공정한 성장을 통해 불평등을 완화해가는 과감한 국제적 협력을 수행할 것인가'라는 것으로, 우리는 현재 중대한 선택의 기로에 서 있다. 이것은 한국 내부의 문제뿐만 아니라 국제질서 안에 존재하는 국가 간 심각한 불평등구조를 극복해야 하는 '글로벌 공정구현'과도 연관된다. 그러나 현실은 G2갈등 시대와 G2 담론만이 지배하는 상황이다. 이러한 상황을 전환시켜서 수많은 나라들이 이 '위기'를 극복할 수 있도록 상호이해를 증진시키고, 비전을 소통시켜야 하는 것이다. 즉, '글로벌 협력을 위한 소통 공간'이 필요하다. 이러한 글로벌 위기극복을 위한 소통 공간으로 '한국과 아세안'을 중심으로 하는 '동아시아 지역'은 매우 중요한 외교적 공간이다.

무엇보다 문재인 정부는 취임 이후 '신남방정책New Southern Policy'을 발표하여 아세안과 이전보다 한 발 더 진전된 외교관계를 만들었다. 특히 신남방정책을 통한 대對아세안 외교 전략은 매우 성공적이었다는 평가를 받고 있다. 한반도를 중심으로 한 주변 4강 중심의 외교질서로부터 아세안을 중요한 외교 파트너로 설정함으로써 한국의 외교 지평은 완전히 달라졌고, 실질적인 중견국 외교를 구현해낼 수 있는 발판을 마련하였다. 그리하여 아세안 국가들뿐만 아니라 중앙아시아 지역의 국가들, 중동지역의 국가들, 중남미지역의 국가들 모두 한국의 미래역할을 더 주목하게 되었다. 이러한 외교지평 확대와 외교역량을 강화하는데 있어서 가장 중요한 실험대가 바로 '한국과 아세안관계'인 것이다.

그 이유는 아세안이 갖는 지역적·국제적 위상 그리고 그 경험이 갖는 역사성 때문이다. 아세안은 1967년 탄생한 이래 동남아 지역에 존재하는 국가들이 회원국으로 가입하면서 '전쟁 없는' 그리고 '이념갈등 없는' 지역협력체를 만들었고, 2015년 아세안공동체ASEAN Community로 조직적 전환을 이루었다. 아세안공동체는 아세안 헌장ASEAN Charter에 기반한 법인격체로 민주주의, 인권, 법의지배, 지속가능한 발전 등 글로벌 보편 가치를 실현하고 있다. 이러한 과정에서 아세안 회원국 10개국의 긴밀한 협력뿐만 아니라 아세안 역외 대화상대국dialogue partner 10개국과 긴밀한 협력체제를 만들어서 운영하고 있다.

이에 아세안공동체는 유럽연합과 비유되면서 세계가 주목하는 지역협력체가 되었다. 국가 간 협력은 쉬운 과제가 아니다. 그것도 이웃 국가 끼리 '자원을 나누어서' 함께 이익을 만들어가는 경험은 매우 소중한 것이다. 아세안은 많은 한계와 어려움을 극복하면서 국가 간 협력을 구현해 내고 있다. 또한 한국은 물론 미국과 중국, 러시아, 일본, 유럽연합, 캐나다, 뉴질랜드 등 전 세계 주요 국가들과 협력을 논할 수 있는 기본 규범과 제도를 갖추고 있다. 이러한 기반을 갖고 있는 아세안과 선진국에 진입한 한국이 성공적인 지역협력을 발전시킬 수 있다면, 그 글로벌 파급효과도 상당히 증폭될 수 있다고 본다.

이에 차기 한국정부는 아세안과의 기존 약속을 충실히 이행하면서 그리고 더 많은 협력 의제를 발굴하면서 발전된 한-아세안관계를 기반으로 '아시아 전체'로 국가 간 협력 메커니즘을 발전시킬 필요가 있다.

신남방정책과 그 정책의 지속성에 대한 약속

2017년 발표된 신남방정책은 코로나19 팬데믹 시기를 지나오면서 변화된 환경에 맞게 신남방정책플러스로 변화·발전하였다. 신남방정책의 비전은 '사람중심의 평화·번영 공동체' 구축으로, 흔히 3P 전략인 사람People, 번영Prosperity, 평화Peace라는 3개의 키워드로 목표를 설정하였다. 이러한 목표를 구현하기 위해서 신남방정책플러스는 4가지 중범위 개념을 설정하여 추진방향을 구체화하였다. 4가지 중범위 개념은 '사람중심, 포용성장, 연계협력, 신뢰제고'이다. 4가지 추진방향은 다음과 같다. 첫째, 국민체감형 사업확대를 통한 신남방정책의 사람중심성 강화, 둘째, 경제·사회·안보 등 전 분야의 지속가능한 포용적 동반성장 촉진, 셋째, 개방·포용·투명 원칙에 따라 역내 조화로운 협력추진, 넷째, 한-아세안, 한-인도 정상회의 합의사항에 대한 성실한 이행 등이다.

신남방정책플러스는 이러한 4가지 추진방향을 구체화시키기 위해 7대 이니셔티브를 설정하고 있다. 7대 이니셔티브 중 첫째는 포스트 코로나 포괄적 보건의료 협력으로, 감염병 대응 지원 및 K-방역 경험공유, 의료인력 역량 및 의료체계 지원, 보건의료 협력 네트워크

구축, 의료기술 R&D 및 의료산업 상생협력 등을 포함한다. 둘째, 한국형 교육모델 공유 및 인적자원 개발지원이다. 인적역량개발 및 K-Education 모델공유, 교류확대와 연계한 한국어 사용기반 확대, 미래 기술인력 역량 개발기여, 공공행정 선진화를 위한 역량강화지원 등이 포함된다. 셋째, 쌍방향 문화교류 촉진이다. 문화교류 및 문화플랫폼 구축, 한류확산과 연관사업 동반성장, 관광 및 스포츠 교류 지평확대, 다문화 포용성 강화 등을 포함한다. 넷째, 상호 호혜적이고 지속가능한 무역·투자 기반구축이다. 상호 호혜적 무역·투자 촉진, 연대와 협력을 통한 통상 확대 기반조성, 기업 책임 경영 및 현지 기여활동 확대, 에너지·자원 분야 확대 기반 조성 등이 포함된다. 다섯째, 상생형 농어촌 및 도시 인프라 개발지원이다. 농어촌 개발지원을 통한 삶의 질 개선, 농어업 생산 및 수출 역량 강화, 스마트시티 개발 및 인프라 개발, 인프라사업 재원조달 활성화 등을 포함한다. 여섯째, 공동번영을 위한 미래산업 협력이다. 4차 산업분야 협력, R&D 협력 및 인적교류 확대, 스타트업 파트너십 강화, 미래산업 협력 플랫폼 구축 등이 포함된다. 7대 이니셔티브의 마지막은 안전과 평화 증진을 위한 초국가적 협력에 관한 것으로, 기후변화 대응 및 탄소 감축협력, 재난대응 역량강화 및 공조체계 제고, 해양보호 및 환경협력, 초국가범죄 및 국제평화협력 등을 포함한다.

차기 정부는 이러한 신남방정책플러스로 제안된 협력사업을 이행하겠다는 약속을 분명히 할 필요가 있다. 아세안은 한국정부의 가장 큰 문제점으로 새로운 정부가 취임하면 이전 정부가 추진했던 사업들과 약속들을 쉽게 망각한다는 점을 지적했고, 신남방정책이 발표될 때부터 이 정책의 지속성이 유지되기를 희망한다고 반복적으로 언급했다. 차기 정부는 신남방정책 또는 신남방정책플러스를 통해 소개된 협력 의제와 한-아세안 정상회담, 한-메콩 정상회담 등 일련의 회의 속에서 약속한 사업들을 충실히 그리고 적극적으로 이행할 것을 약속해야 할 것이다.

P4G 서울선언문과 결합한 신남방정책 2.0

차기 정부는 아세안과의 교류와 협력을 계속적으로 증진시키기 위해서 신남방정책을 발전적으로 계승해야 할 것이다. '신남방정책 2.0'이란 문재인 정부가 추동했던 신남방정책과 신남방정책플러스를 '신남방정책 1.0'이라 규정하고, 차기 정부는 이를 발전적으로 계승한다는 측면에서 '신남방정책 2.0'으로 규정하고자 한다.

신남방정책 2.0은 첫째, 한-아세안 관계의 미래 공동체 비전을 좀 더 분명히 하고자 한다. 한국은 김대중 정부 때부터 중국과 일본 그리고 아세안과 함께 '동아시아지역공동체'를 구상해왔다. 하지만 최근 10여 년을 경과하면서 한·중·일 관계는 매우 경직된 관계가 되었다. 그러나 한국과 아세안관계는 상대적으로 매우 발전하고 있기 때문에 '동아시아 지역공동체'건설을 위해 매우 중요한 밑거름이 될 것이다. 둘째, 한-아세안 관계가 범세계적인 의제를 해결하기 위한 모범적인 관계가 되도록 해야 한다. 코로나19로 상당히 어려워진 국제적 환경에서 글로벌 백신공급 협력체계는 물론 경제위기 극복을 위한 디지털 경제 그리고 녹색경제로의 전환에 박차를 가할 수 있는 경제적 협력관계가 되어야 한다. 셋째, 좀 더 구체적으로 말해서 전 지구적으로 가장 어렵고 중대한 과제인 '기후위기'를 공동으로 대응할 수 있는 협력의 강력한 플랫폼을 만들어야 한다. 그래서 신남방정책 2.0은 P4G 의제와 유기적으로 연결될 필요가 있다. 신남방정책플러스 7대 과제에는 분명히 이러한 의제의 성격이 내포되어 있기 때문에 좀 더 확대된 차원에서 기후위기와 환경협력에 대한 협력을 제시할 필요가 있다. 넷째, 아세안 국가들도 코로나19 시기를 지나오면서 당면과제로 제시한 아세안 포괄적 회복 프레임워크(ACRF: ASEAN Comprehensive Recovery Framework)를 발표하였다. 한국과 아세안의 쌍방향적 협력을 지향하는 신남방정책 2.0은 ACRF의 내용과 호응하면서 구현되어야 할 것이다.

P4G와 결합하는 신남방정책 2.0의 의미는 다음과 같다. P4G는 'Partnering for Green Growth and Global Goals 2030'의 약어로 2030년까지 녹색성장을 실현하기 위한 글로벌 거버넌스를 말한다. 그리고 최종적인 목표는 2050년까지 정부, 기업, 시민사회의 공동협력으로 탄소가 전혀 배출되는 않는 경제시스템을 만들어 내는 것이다. 2021년 P4G 정상회의가 한국에서 개최되어 '서울선언문'이 채택되었다. 서울선언문은 정상회의 참가 국가 및 국제기구들이 기후위기의 심각성을 인식하고, 이를 극복하기 위한 국제사회의 실천 방안을 담아내었다. 서울선언문의 핵심적인 내용은 다음과 같다. 첫째, 기후위기는 환경문제를 넘어서 경제, 사회, 안보, 인권과 연관된 과제들에 영향을 미치는 시급한 국제적 위협으로 간주한다. 둘째, P4G가 추구하는 민관협력체제로 물, 에너지, 식량·농업, 도시, 순환

경제 5개 분야를 중심으로 지속가능발전목표를 달성한다. 셋째, 파리협약에서 협정되었던 지구온도 상승 2°C보다 현저히 낮은 1.5°C로 목표를 설정하였다. 넷째, 기후변화, 사막화와 토양의 황폐화, 생물다양성 손실을 가장 큰 세 가지 환경문제로 인식하고, 자연기반 해결책을 포함한 생태계 기반 접근방식으로 공동의 이익을 최대화하고 손실을 최소화한다. 다섯째, 해양오염 문제의 심각성을 인식하고, 해양플라스틱 문제해결을 위해 국제적 결속을 강화한다. 여섯째, 녹색기술을 개발하고 확산하기 위한 국제협력을 강화한다. 일곱째, 태양, 풍력 에너지 등 재생에너지 발전 비중 확대를 통해 에너지 전환을 촉진하기 위한 국제협력을 강화하고, 탈석탄과 해외 석탄발전소 건설에 대한 공적 금융 중단을 위한 방법을 모색한다. 여덟째, 기후변화로 인해 가뭄, 홍수, 담수의 염류화, 산림황폐화, 농업용수 부족 등 식량안보 위기를 초래할 수 있으므로, 물-에너지-식량 연계를 중심으로 지속가능하고 회복력 있는 농업과 식품시스템 구축을 위한 노력을 경주한다는 내용을 담고 있다.

이렇듯 기후변화에 대응하기 위한 녹색경제로의 전환은 시급하고 막중한 과제이다. 현실적으로 저개발된 국가일수록 디지털 경제에 기반한 녹색경제로의 전환을 이끌어 낼 수 있는 기술과 자원이 턱없이 부족한 것이 사실이다. 그러나 역으로 기후변화를 대응하기 위한 전환경제로의 변환이 '국제적'으로 다함께 이루어지지 않는다면, 그 성과도 미비하다고 하겠다. 따라서 다른 어떤 시기보다 국제적 협력이 중요한 시기이다. 한국정부는 개발도상국에서 선도국가로 전환하였기 때문에 누구보다 개발도상국의 현실을 잘 알고 있다. 그리고 글로벌 선도국가로서 한국은 한국판 뉴딜경제전략을 통해 전환경제를 주도적으로 진행하고 있다. 따라서 한국정부는 앞으로 선진국과 개발도상국 사이에서 갈등을 조정하면서 글로벌 협력을 추동해 내야 하는데, 이러한 글로벌 협력을 위해 가장 중요한 파트너가 아세안이라 하겠다. 아세안공동체는 일찍이 이러한 글로벌 의제에 충분히 공감하면서 플랜을 설정하였으나, 이러한 목표를 실현할 수 있는 충분한 기술과 자원을 확보하는 데 어려움을 겪고 있다. 따라서 기후변화를 대응하는 녹색경제로의 전환전략을 위하여 한국과 아세안이 심화된 협력을 진행한다면, 추상적 담론을 구체화시킬 있는 최적의 파트너가 될 것으로 보인다.

한-아세안관계 그리고 그랜드아시아 연계전략

21세기는 '아시아의 시대'라고 회자되었다. 세계 202개국 중 1/4이 아시아에 위치하며, 세계 영토면적의 1/4를 차지한다. 가장 놀라운 것은 전체 세계인구 중에서 60%가 아시아에 살고 있으며, 그 중에서도 중국, 인도 그리고 아세안 인구가 지배적이다. 그리고 세계 명목 GDP의 38%가 아시아에서 생산되며, 실질소비능력PPP GDP의 46%를 아시아가 차지하고 있다. 또한 아시아에는 세계 경제성장의 축인 중국, 인도 그리고 아세안이 포진해있다. 아시아 전체에서 보았을 때, 한국, 대만, 홍콩, 싱가포르 등이 선발개도국이었다고 한다면, 중국, 인도, 아세안은 아시아에서 후발개도국으로 성장하고 있다. 무엇보다 21세기 '아시아의 부상'을 논할 때는 중국, 인도, 아세안의 경제발전과 맥을 같이하고 있다. 현재 아시아를 중심으로 '힘의 이동'이 전개되고 있기에 대륙의 길과 바다의 길에서 권력의 이동이 나타나고 있다. 그래서 최근 '아시아-태평양' 또는 '인도-태평양'은 매우 주목받는 개념으로 이러한 변화하는 힘의 변동을 내포하고 있다.

그러나 '부상하는 아시아'만큼 '모범이 될 만한 아시아'에는 아직 이르지 못하고 있다. 아시아에는 여전히 가난한 국가들이 많고, 여전히 자유롭지 않은 국가들이 많기 때문이다. 하지만 아시아는 매우 큰 매력을 지니고 있다. 지리적으로 넓고, 문화적으로 다양하며, 경제적으로 발전 가능성이 상당히 높기 때문이다. 따라서 '아시아'가 어디로 가는지에 따라 세계의 향방이 달라질 가능성이 존재한다. 세계는 현재 '부상하는 아시아 시대'를 맞이하고 있으나 진정한 협력을 목표로 '아시아'를 하나의 네트워크로 연결해서 공존공생·공동번영의 미래로 추동하는 전략국가가 부재한 상황이다. 오히려 전략경쟁이 격화되고 있다. 급속한 경제성장을 토대로 중국은 아시아에서 영향력을 빠르게 확대하고 있다. 미국은 부상하는 중국을 견제하기 위해 '아시아로의 회귀'를 선택했고, 중국의 일대일로 전략에 맞서 일본과 함께 '인도·태평양전략'을 구사하고 있다. 즉, 중국의 일대일로, 미국과 일본의 인도·태평양전략, 아세안의 연계성전략 등 역내 주요 국가들은 자기 존재와 필요에 의해 각각 연계전략을 구사하고 있는 것이다. 또한 미중 전략적 경쟁이 전략적 상호 협력보다 훨씬 지배적으로 나타나고 있기 때문에 이러한 연계전략들이 긍정적인 상호 시너지 효과를 맺지 못하고 있다.

이러한 '부상하는 아시아 시대', '연계전략이 경쟁하는 시기'에 한국의 역할은 무엇인가? 지경학자 파락 카나Parag Khanna는 『컨넥토그라피Conectography』라는 책에서 연결성connectivity은 우리 시대의 새로운 메타-패턴new meta-pattern이 되었다고 강조하였다. 사람, 물자, 상품, 데이터, 자본 등이 연결된 세계는 더욱 가속화될 것이라는 점이다. 차기정부도 이러한 관점을 배경으로 거대한Grand 아시아를 복합적으로 연결하는 '아시아 연계전략'을 구사해야 할 것이다. 미국과 중국이 주도하는 연계전략을 때로는 활용하면서, 때로는 새롭게 하면서 차기정부는 우리나라가 주도하는 아시아 네트워크 전략을 가동해야 한다. 한국 정부가 주도하는 아시아 네트워크 전략은 바로 P4G와 유기적으로 결합한 신남방정책 2.0와 같은 내용으로 전 아시아 지역으로확장된 관계를 의미한다. 한국과 아세안 관계가 전략적 관계로 발전한 것처럼, 한국과 남아시아(인도, 네팔, 부탄, 방글라데시 등), 한국과 서아시아(UAE, 사우디아라비아, 이란, 터키 등), 한국과 중앙아시아(우즈베키스탄, 키르기스스탄 등)도 한국과 아세안만큼 경제적, 정치적 그리고사회문화적 협력관계로의 발전을 상승시키는 것이 필요하다.

신남방정책 2.0과 아시아연계전략 실현을 위한 구상

동남아와 아시아 교육 강화와 동남아 지역전문가와 아시아지역전문가 양성교육

한국과 아세안 관계는 현재뿐만 아니라 미래가능성이 상당히 높은 관계인데, 이를 위한 사회적 기반은 부실한 상황이다. 특히, 초, 중·고등 그리고 대학 내 동남아 관련 교육 시스템은 매우 취약하다.

그리고 동남아 출신 다문화 가정이 증가하고 있는 한국 사회의 현실을 고려할 때 사회 통합적 지향은 주요 과제로 부상하고 있다. 자라나는 미래세대 내에서 다문화 가정의 자녀들과 통합사회를 만들어 가기 위해서는 무엇보다 동남아 자체를 제대로 가르치는 교육이 긍정적인 결과를 만들어낼 수 있을 것이다. 이를 위해 우선적으로 대학교육 내에 동남아 교육시스템을 강화하는 것이 필요하다. 단계적으로 초, 중·고등 그리고 대학 교육 내에 동남아 교육시스템이 체계적으로 구비되어야 하지만, 현재 동남아 지역전문가 확충이 시급히 요구되고 있기 때문이다. 정부, 기업, 연구기관, 아세안 관련 지역기구 및 NGO에서 역할을 수행할 수 있는 동남아 지역 전문가를 가장 먼저 육성하여야 한다. 또한 동남아학 뿐만 아니라 중국과 일본을 제외한 다른 아시아지역을 가르치고 연구할 수 있는 교육 및 연구 환경 구조도 취약한 상황이다. 따라서 대학 내에 동남아학만큼 남아시아, 서아시아, 중앙아시아를 연구하고 가르칠 만한 교육시스템이 절실히 필요하고 관련한 지역전문가 인재양성교육시스템을 마련해야 할 것이다.

한국주도의 다자개발은행과 아세안과 아시아 연계전략

한국의 대對아세안 사업에서 도로, 철도, 항만, 전자정부, 스마트시티, 발전소 등 사회 인프라 구축에 대한 지원 계획이 즐비하다. 그러나 한국의 공적개발원조(ODA: Official Development Assistance), 대외경제협력기금(EDCF: Economic Development Cooperation Fund), 한-아세안협력기금(AKCF: ASEAN-ROK Cooperation Fund) 등에 책정된 비용은 이러한 인프라 사업을 실효적으로 얻어내기에는 매우 작은 규모라는 것이 일반적인 평가이다. 그래서 사회 인프라 연계전략에서 일본과 중국과의 경쟁에서 한국이 열세에 놓여 있었다. 그 동안 일본은 ADB를 통해 영향력을 행사해왔고, 중국은 새롭게 만들어진 AIIB를 통해 아시아 내에 영향력을 높여가고 있다.

아시아의 많은 나라들은 일본과 중국의 지원보다는 한국의 투자를 더 기대하고 있다. 한국은 상대방 국가의 상황과 조건을 고려하고, 쌍방향의 공동번영을 가능하게 할 수 있는 국가라는 인식이 있기에 한국과의 경제협력 증진을 기대하고 있는 것이다. 이를 위해 무엇보다 코로나19 팬데믹 이후 '디지털 및 녹색경제'로의 대전환의 시대에 한국은 글로벌 선도국가로서 영향력을 보여주어야 한다. 이러한 대전환의 국가 전략을 실질적으로 가능하게 하기 위해서는 재정을 모으고, 적절한 곳에 투자할 수 있는 거버넌스가 필요하다. 동남아, 남아시아, 서아시아, 중앙아시아 모두 개발도상 국가들이 상당히 포진해 있는 지역이다. 그리고 '과거의 성장방식'이 아니라 지속가능한 경제성장으로 'P4G'가 추구하는 탈탄소경제를 가능하게 하는 기술적, 생산적, 사회적 인프라를 만들어가야 하는 것이다.

이러한 구상을 실현하기 위해 한국정부는 다른 아시아 개발도상국가들과 함께 '한국발 다자개발은행'을 설립하고 운영하는 것이 필요하다. 한국 주도의 다자개발은행 설립과 운영은 1990년대 중반부터 제기된 과제인데, 현재 그 필요성과 조건이 충분이 충족되었다고 하겠다. 보다 과감하고 용기 있는 도전이 차기정부에서는 이루어지기를 기대해본다. 그리고 차기 정부에서는 아시아 전체를 보고 한국의 전략을 구상해 낼 수 있는 기구가 만들어져야 한다. 즉, 신남방정책 특별위원회가 신남방정책을 총괄하였듯이, 아시아 전체를 대상으로 지역전략을 구상하고 지역과 지역을 연결하는 역할을 할 수 있는 '아시아 연계전략 특별위원회(가칭)'와 같은 기구를 통해 아시아를 복합적으로 연결하는 연계전략을 체계적이고 구체적으로 추진해야 한다.

21세기 '부상하는 아시아 시대'에 걸맞는 '그랜드아시아Grand Asia'를 탄생시키기 위한 한국 정부의 외교 전략이 절실히 필요한 시기이다. 차기 정부는 아시아를 아시아답게 만드는 역사적 과정에서 책임 있는 선도국가로서 대한민국의 역할을 견인해 주어야 할 것이다.

집필진 약력

정한범

미래안보포럼 상임대표. 고려대학교에서 학사를, Univ. of Kentucky에서 정치학 박사를 받았다. 청와대 정책자문위원, 민주평화통일자문회의 상임위원, 통일부 정책자문위원, 자유총연맹 전문교수, 동북아협력대화 한국대표 등을 역임하였고, MBC, YTN, KTV, KBS, 연합뉴스TV 등에서 뉴스해설을 하고 있다. 외교안보를 전공하고 있으며, "뉴스페이스 시대와 국방 우주력 건설"; "Cooperation in Outer Space: Need vs. Willingness"; "Prospect of Multilateral Security Governance in East Asia"; "Multilateral Security Cooperation in Asia"; "바이든의 가치·규범 중심 외교와 대중국 정책"; "남북 및 북미정상회담 이후 한반도평화체제 구축의 쟁점과 전망"; "오바마 정부 전략적 인내의 변화 연구"; "트럼프 현상으로 본 미국의 고립주의 연구"『국가안보론』;『국제관계학: 인간과 세계 그리고 정치』;『군사학연구방법론』 등 다수의 논문과 저서가 있다.

최경준

제주대학교 사회교육과 교수. 서울대학교 외교학과와 동 대학원을 졸업하고 미국 워싱턴대학교(University of Washington, Seattle)에서 정치학 박사학위를 받았다. 주요 연구분야는 중견국 외교, 공공외교, 도시외교이며, 강대국 갈등과 외교전략, 국내정치와 국제정치의 연계성, 안보와 경제 복합 등에 대한 여러 논문들을 발표해 왔다.

박종철

경상국립대학교 일반사회교육학과 교수. 북경대학교 한반도연구센터 객좌연구원, 경기도 평화정책자문위원회 자문위원 등을 역임했다. 국제관계, 북한연구 등을 연구하고 있으며, "Will Xi Jinping give up Sino-North Korean alliance?", '이재명론', '정치학: 인간과 사회, 그리고 정치', '공정한 국제질서와 한반도의 지속가능한 평화' 외 다수의 학술 논문 및 저서를 출간했다.

여현철

국민대학교 교양대학 교수. 고려대학교 사회학과, 동 대학원을 졸업하여 사회학 박사학위를 받았다. 주요연구 분야는 남북관계, 통일교육이며, 한반도평화체제, 분단극복을 위한 실현 가능한 요건 등에 대한 연구논문들을 발표해 오고 있다. 현재 국민대학교 통일교육사업단 단장, 국민대학교 한반도미래연구원 부원장직을 수행하고 있으며, 한국정치학회 연구이사, 한국세계지역학회 총무이사, 통일부 지정 서울통일교육센터 사무처장직을 수행하는 등 이론과 실천적인 분야에서 활동 중이다.

유영민

미래안보포럼 회원. 정치학 박사. 현재 미국 대외정책, 동북아 정세, 한미 관계, 북미 관계 등을 중심으로 연구 및 교육 활동을 하고 있다. Asian Survey, Journal of American Studies, Journal of International Studies, Journal of Research Methodology,

International Political Science Review, Korean Journal of International Studies, Korean Journal of Area Studies 등 다수의 학술지에 연구 논문을 발표했다.

최용섭

선문대학교 국제관계학과 조교수. 영국 워릭대학교에서 국제정치학 박사학위를 취득했다. 서울대 국제대학원, 서강대, 중앙대, 숭실대 강사를 거쳐 현재 선문대학교 국제관계학과 교수로 재직 중이다. 현재 동아시아 국제관계, 남북관계, 북한정치경제, 그람시이론 등을 중심으로 연구 및 교육 활동을 하고 있다.

한혜진

경북대학교 사회과학기초자료연구소 객원연구원. 동아대학교 국제전문대학원에서 『일본의 對ASEAN 원조외교정책의 변화와 특징』으로 박사학위를 받았다. 일본의 기후변화 정책과 환경외교, 북일관계, 일본 SGI의 평화운동 등 일본을 중심으로 연구하고 있다.

최경희

서울대학교 아시아연구소 HK연구교수. 한국외국어대학교에서 『정치체제 민주성의 결정요인에 관한 경험적 연구: 동아시아 5개국을 중심으로』로 박사학위를 받고, 한국동남아연구소 선임연구원과 주아세안대표부 선임연구원, 신남방정책특별위원회 민간자문위원 등을 역임했다. 한국 속 '동남아 현상' 개념을 고안하여 한국과 아세안 사이의 인적 그리고 문화교류 연구, 신흥지역으로서 동남아 지역에 대한 경제 및 소비시장으로서 연구, 한국기업의 동남아 진출전략연구, 인도네시아 정치변동 및 정치과정연구, 아세안지역협력체연구, 한-아세안관계연구, 신남방정책 연구 등 인도네시아를 중심으로 동남아지역연구자로서 활동하고 있다.

이재명의 외교안보를 읽는다

2022년 1월 20일 초판 발행

지은이 정한범 외 | 대표편집 유영민 | 펴낸이 안종만·안상준 | 펴낸곳 ㈜박영사 |

등록 1959. 3. 11. 제300-1959-1호(倫)

주소 서울특별시 금천구 가산디지털2로 53, 210호(가산동, 한라시그마밸리)

전화 (02) 733-6771 | 팩스 (02) 736-4818

홈페이지 www.pybook.co.kr | 이메일 pys@pybook.co.kr

편집 이승현

기획/마케팅 정연환

표지디자인 이수빈

제작 고철민·조영환

© 정한범 외, 2022, Printed in Korea

ISBN 979-11-303-1033-6 (03340)

파본은 구입하신 곳에서 교환해 드립니다. 본서의 무단복제행위를 금합니다.

정가 12,000원